A Gribouille y Capitaine Flam (Jen y Nat),
por su atenta e incondicional presencia.

Gracias a Nathalie Riché, que tuvo la idea de hacer realidad esta aventura. Ella ha llevado el timón, sin perder nunca el rumbo, siempre amable, inventiva y tan, tan pertinente.

Gracias a Lucette Savier, mi editora, que convenció a Lisa Mandel (de cuyas ilustraciones nunca me canso), que confió en mí tras una simple conversación y que me guio cuando no era lo bastante feminista (¡me siento avergonzada!).

Gracias a Nathalie Goujon, a quien dedico este libro, que hace brillar esta profesión.

Gracias a nuestro equipo, Muriel, Magalie, Cécile, Amanda, Amélie, Bénédicte, Béatrice y a nuestra mágica Aline que hacen que nuestro taller de flechas esté siempre activo, prácticamente noche y día. Para los chicos y chicas.

Gracias a mis cuatro hijos, por su concienzuda lectura y por el amor que me dan.

Gracias a mi marido que siempre me abre los brazos cuando el oleaje es demasiado fuerte. Y también cuando no lo es.

Emmanuelle Piquet

Título original: Je me défends du harcèlement – Texto de Lisa Mandel – Ilustraciones de Emmanuelle Piquet
© Albin Michel Jeunesse, 2016 – Contratado a través de Isabelle Torrubia Agencia Literaria
© de la traducción española: EDITORIAL JUVENTUD, S. A., 2017 – Provença, 101 – 08029 Barcelona
info@editorialjuventud.es – www.editorialjuventud.es – Traducción: Marta García Madera
ISBN 978-84-261-4482-9 – DL B 22515-2017 – Primera edición, 2017
Núm. de edición de E. J.: 13.518 – Printed in Spain – Impreso por Grafo S.A., Basauri (Bizkaia)

¡He vencido al bullying!

Emmanuelle Piquet   Ilustrado por Lisa Mandel

Editorial EJ Juventud

Índice

Yared, 13 años:
«Me llaman terrorista».

95

Julia, 14 años:
«Suspendo todos los exámenes».

103

Luis, 12 años:
«¡Todo el mundo prefiere a mi hermana!».

113

123

Susana, 11 años:
«Catalina ya no me quiere».

133

Sandra, 12 años:
«Me llaman marimacho».

143

Hugo, 14 años:
«Tengo síndrome de Asperger».

153

Roberto, 14 años:
«Paso vergüenza 24 horas al día».

163

Juan, 14 años:
«No hice nada para defender a Aurora».

TEST:
¿Has entendido bien qué hay que hacer en caso de problema?

171

CONVIENE SABER 174

174 INFORMACIÓN ÚTIL

Intro-
ducción
de Emmanuelle Piquet

No sé si te habrás dado cuenta..., a veces, uno se encuentra en situaciones horribles en las que no reacciona porque tiene demasiado miedo de la persona que tiene enfrente y que le está molestando.

Puede ser en el patio: un chico que es el más fuerte, o tan gracioso que nadie se atreve a enfrentarse a él, aunque sea más cruel que divertido.

Puede ser una chica que vaya de lista: como ella critica a todo el mundo, todo el mundo es simpático con ella por miedo a ser excluido, por lo tanto, nadie se atreve a decirle nada.

Puede ser un hermano mayor o una hermana mayor que te pega, que te roba el dinero de la hucha y que te amenaza si quieres contárselo a tus padres.

Puede ser un profe que te da terror porque grita muy fuerte o hace comentarios no siempre agradables para los alumnos...

E incluso, hay momentos en los que tú, sin darte cuenta, eres tan duro contigo mismo que puedes llegar a ser realmente desagradable.

«¡Así es la vida!», dicen algunos adultos. Sí... ¡pero no!

¡NO! El riesgo que corremos si no hacemos nada por evitar el bullying es que no se acabe nunca. Es como si diéramos permiso al chico más fuerte, a la chica criticona, al hermano mayor cruel o al profe mordaz para que continúen. Además, esta situación puede propagarse por las redes sociales, en Instagram, Facebook, Snapchat o por Whatsapps o Face Time. En estos casos, incluso refugiado en tu habitación, sigues teniendo miedo y sufriendo. Esto no es vida.

CUANDO ESTO DURA Y SE REPITE CADA VEZ CON MAYOR FRECUENCIA, es como una herida que se vuelve a abrir. Si hay personas que te llaman gordo, pringado, marica o feo todo el día, acabas creyendo que eres un inútil, que no eres digno de que te quieran y te sientes cada vez peor. Entonces, respondes aún menos a los que te acosan, querrías ser invisible, te encantaría esconderte en la enfermería o incluso no volver a ir a la escuela.

Y esto, estarás de acuerdo conmigo, tampoco es vida.

Esto es bullying.

ANTES, CUANDO HABÍA UNA AGRESIÓN, normalmente, se respondía con golpes. Las peleas se iban encadenando y, al final, imperaba la ley del más fuerte. En la Biblia se menciona la ley del talión, que continúa vigente en algunos países: «Ojo por ojo, diente por diente».

HOY EN DÍA, TODAVÍA HAY PELEAS, pero no es una solución duradera. Hay otro modo de resolverlo y ganar aunque no seamos musculosos, ni grandotes ni malos. ¿Cómo? Tienes que ser el mejor estratega, es decir, el más astuto. Tienes que dedicar tiempo a reflexionar sobre la situación, observar al agresor para devolverle su maldad y su agresividad, pero sin golpearle (o, como mínimo, sin pegarle de verdad). **ES LO QUE SE DENOMINA «EFECTO BOOMERANG» O «FLECHA DE RESISTENCIA».**

¡Saber hacerlo es muy importante! Es casi un arte, que te servirá para toda la vida, porque, créeme: los acosadores crecerán, dejarán el patio de recreo y se encontrarán más tarde frente a la máquina de café, en las empresas en las que trabajen, en las que trabajarás tú también... Entonces, mejor que empieces ya a aprender a gestionar tus relaciones.

Es evidente que no es fácil responder a los que te molestan y te hacen daño, y lograr que paren de hacerlo, porque siempre son rivales duros de pelar. En este libro, te quiero mostrar algunas situaciones que tal vez estés experimentando y proponerte ideas para darles la vuelta.

Se me han ocurrido algunas estrategias para ayudarte a frustrar las maniobras de la persona (o personas) que te acosa(n). Con estas tácticas, si alguien te agrede, tendrás claves para reflexionar, responder y actuar. No dudes en entrenarte, en repetirlas con un amigo, un hermano mayor o tu madre o tu padre: tienes que estar seguro de que dominas tu defensa. En ese momento, te sentirás orgulloso de ti mismo y dirás al otro: «Buen intento pero... ¡no me ha dolido!».

Antes de lanzar tus boomerangs o tus flechas, haz este pequeño test para saber si te hacen bullying o no.

¿Cómo saber si eres víctima de bullying?

Responde a las siguientes preguntas:

1 ¿CUÁNTO TIEMPO HACE QUE TIENES PROBLEMAS EN EL PATIO O CON GENTE DE TU EDAD?

- ● Algunas semanas
- ■ Algunos meses
- ▲ Varios años

2 ¿HAS TENIDO LOS MISMOS PROBLEMAS DESPUÉS DE HABER CAMBIADO DE CLASE?

- ■ Sí
- ● No
- ● Desde que empezaron los problemas, todavía no he cambiado de clase

3 ¿CONTINÚAS TENIENDO LOS MISMOS PROBLEMAS DESPUÉS DE HABER CAMBIADO DE CENTRO?

- ▲ Sí
- ● No
- ● Desde que empezaron los problemas, todavía no he cambiado de centro

4 ¿TUS PADRES HAN DICHO O HECHO ALGO A LOS CHICOS QUE TE LO HACEN PASAR MAL (O A SUS PADRES), SIN HABER OBTENIDO NINGÚN RESULTADO?

▲ Sí

● No

5 ¿ALGÚN ADULTO DE TU CENTRO HA HABLADO CON LA PERSONA O EL GRUPO DE CHICOS QUE TE LO HACEN PASAR MAL, Y NO HA RESUELTO EL PROBLEMA?

▲ Sí

● No

6 ¿DIRÍAS QUE TE RESULTA DIFÍCIL RELACIONARTE CON GENTE DE TU EDAD?

■ Sí

● No

7 ¿CREES QUE EL HECHO DE QUE ESTÉS MAL CON ESAS PERSONAS TE HA AFECTADO EN OTRAS COSAS?

▲ Sí, mis notas han bajado

▲ Sí, me cuesta salir de casa, me estresa más que antes

▲ Sí, lloro con más frecuencia que antes

▲ Sí, me pongo furioso con más frecuencia que antes

▲ Sí, me peleo mucho más con mis hermanos y hermanas

▲ Sí, me peleo más con mis padres

● No

Suma todos los puntos y lee la respuesta correspondiente.

● = 0 puntos   ■ = 2 puntos   ▲ = 5 puntos

➡ MÁS DE 20: Efectivamente vives en una situación de bullying. Procuraremos que aprendas a defenderte. Estaría bien que leyeras este libro con un amigo o un adulto en quien confíes para poderlo comentar con él.

➡ ENTRE 10 y 20: Sin duda es una situación difícil, pero debería resolverse rápidamente tras haber leído este libro.

➡ MENOS DE 10: Solo son problemas pasajeros, pero puedes leer este libro por si algún día empeora la situación, o por si puedes ayudar a algún amigo que tenga un problema más grave. No haciendo las cosas en su lugar, sino ayudándole a encontrar su propio mecanismo de defensa, su propia flecha.

Un tipo de bullying especial: el aislamiento

ALGUNOS CHICOS EXPERIMENTAN UN TIPO DE BULLYING ESPECIAL, EL AISLAMIENTO, que consiste en que nadie quiere jugar con ellos. Están solos en el patio, intentan entrar en un grupo, pero no funciona, los demás los rechazan. Se sienten muy desgraciados porque ven que no consiguen hacer amigos y que todo el mundo los evita.

En una situación así, los adultos no pueden hacer gran cosa porque es imposible obligar a unos chicos a que jueguen con otros. Os comentaré el caso de una chica que vino a mi consulta. Un miércoles, Lola fue con su madre a una fiesta y, al abrirse la puerta, Carolina, su compañera de clase que celebraba su cumpleaños, exclamó: «¡Pero si yo no te he invitado!». Resulta que Lola había hecho una invitación falsa para poder ir. La madre de Carolina dijo, amablemente: «Claro que sí, entra, cariño, no pasa nada». Lola me contó que había sido la peor fiesta de su vida, porque nadie quiso jugar con ella, a pesar de la intervención de la madre de Carolina.

NO SE PUEDE CASTIGAR A UNOS CHICOS que no quieren jugar con otros. Tampoco se puede obligar a alguien a ser amigo de otra persona o a que disfrute jugando con ella. Por eso las relaciones entre las personas son tan complicadas. Lo importante, en este tema, suele ser más lo que se siente que lo que se decide.

¿Quiénes suelen ser los acosados?

NO HAY UN PROTOTIPO, esto hay que tenerlo claro. Algunos adultos piensan que alguien es acosado porque es pelirrojo, o gordo, o bajito, o porque va mal vestido. Pero esto no es verdad. Lo que desencadena y, posteriormente, alimenta, el bullying, no es la diferencia, sino la vulnerabilidad y el miedo. El miedo a ser descubierto por el que tiene el poder, el miedo a que sea aún peor cuando empiece el bullying, el miedo a que no acabe nunca. Sin embargo, es como si algunos chicos tuvieran una especie de radar que les permite ver enseguida quién es vulnerable, quién no sabrá defenderse en un momento determinado. Tras descubrir a una víctima (el compañero de clase vulnerable), el acosador lanzará sus ataques, comprobará que funcionan (porque la persona vulnerable no consigue defenderse correctamente) y, entonces, continuará. Ahí es donde se pone en marcha la máquina.

TODO EL MUNDO PUEDE SER VULNERABLE EN UN MOMENTO DADO. Yo he visto a chicos que eran delgados, guays, iban bien vestidos, no eran empollones, y a pesar de eso, los molestaban igualmente. Y también hay muchos chicos que son obesos o bajitos o que van mal vestidos a los que nunca molestan, porque no son vulnerables o porque, si lo son, no se nota.

En general, ¿quiénes son los acosadores?

Lo mismo: no existe un retrato robot del acosador. La mayoría de los adolescentes y preadolescentes están un poco obsesionados con la idea de tener amigos, pero sobre todo de no encontrarse solos. Algunos superan este miedo sembrando el terror, para que sean los demás los que le teman a él: así empieza el círculo vicioso.

SIN EMBARGO (Y JURO QUE NO LO DIGO PARA COMPLACERTE), por la noche, en su habitación, a menudo, el acosador también tiene mucho miedo, miedo de estar solo algún día... pero lo que ocurre es que tiene un poco menos de miedo que tú. Piensa que si continúa aterrorizando a algunos chicos vulnerables, no le pasará nada. La única forma que tiene de sostener la situación es que tú continúes sintiendo mucho miedo. Por lo tanto, si tú tienes un poco menos de miedo y él se da cuenta, se sentirá mucho menos poderoso.

¿Qué pueden hacer los adultos?

EL PROBLEMA CON LOS ADULTOS QUE NOS QUIEREN y que quieren defendernos del bullying es que, a menudo, sin hacerlo a posta, agravan la situación. Porque, cuando tienes 13 años y tu madre va a ver a la madre del que te molesta, todo el mundo (incluido el acosador) va a pensar que eres como un niño de 3 años. Hay que encontrar una forma de actuar que no afecte a la popularidad y que dé un aspecto menos vulnerable. Si no, es como si te pusieran un Post-it en la frente: «Seguid acosándome, no sé hacer nada sin mi madre». Y peor aún, por supuesto, si ella va a ver a la persona que te acosa... Digamos que a veces funciona, pero es muy peligroso.

CUANDO LOS ADULTOS DE LOS CENTROS EDUCATIVOS INTERVIENEN, a menudo es para imponer castigos. A algunos de los que acosan les hace bastante gracia esta situación porque es como si les dieran una medalla. Y si no es el caso, se corre el riesgo de que sigan acosando, pero siendo aún más astutos para que no les pillen otra vez, o bien dejan de agredir directamente pero la víctima continúa igual de sola, igual de poco respetada. A veces, los colegios organizan reuniones con especialistas que explican a toda la clase las consecuencias penales del bullying o los daños psicológicos que puede causar. Estas reuniones son importantes porque los acosadores no siempre se dan cuenta del daño que hacen. Sin embargo, cuando ninguna de esas soluciones funciona, es necesario cambiar de método.

CREO QUE LA MEJOR TÁCTICA es que un adulto lea este libro contigo y que te ayude a encontrar la defensa verbal, la «respuesta boomerang» que te hará salir de esa situación. Y también te puede ayudar a practicar. Si esto no funciona, será el momento de pasar a la lección de moral y al castigo contra los que te molestan. Como mínimo, habrás intentado hacer todo lo que estaba en tu mano. Y eso ya demuestra tu valentía.

¿Se puede pasar de ser acosado a acosador?

Hay ejemplos, en Estados Unidos, de chicos acosados que se han convertido en superviolentos y que se han vengado de sus acosadores cometiendo una masacre en su instituto. Pero, son casos relativamente aislados. Personalmente, nunca he visto a ningún acosado que se haya transformado en acosador después de haber venido a hablar conmigo, porque lo que propongo a los chicos acosados es un boomerang o una flecha de resistencia. Es decir, un arma que no se puede utilizar para un ataque. Para que funcione, esta arma tiene que alimentarse de la violencia que envía el acosador. **POR ESO TAMBIÉN SE LLAMA «JUDO VERBAL».**

¿Se puede pasar de acosador a acosado?

Sí, porque es una cuestión de vulnerabilidad y existen muchas circunstancias que pueden hacer que alguien sea vulnerable: que se muera una persona que queremos, que nuestro padre o nuestra madre se quede sin trabajo, que nos tengamos que mudar, que nuestros padres se divorcien, etc.

DE TODAS FORMAS, cuando hablamos de relaciones, nada es permanente. Nos equivocamos si pensamos que algunas personas serán siempre débiles y otras, siempre poderosas. Además, cuando estamos dentro de una relación, siempre tenemos la posibilidad de actuar. En cambio, si ya estamos fuera de esa relación, no podemos hacer gran cosa, y tampoco resulta demasiado útil que los adultos intervengan en lugar de los chicos.

¿Se puede hacer algo para evitar que te acosen?

En lo que primero que se fijan los especialistas en molestar a los demás es en la postura, la actitud del chico vulnerable. Es fácil: si te acosan o si tienes miedo de que lo hagan, tiendes a encoger el cuello, procuras pasar desapercibido, evitar al máximo al agresor, ser invisible. **Y ESO DA AL ACOSADOR UNA SEÑAL INEQUÍVOCA**: eres un blanco fácil. Ahora bien, cuando uno tiene miedo, es imposible cambiar la postura. Por eso, resulta clave tener algo que decir o hacer para tener menos miedo y, así, cambiar la actitud. Y eso es posible gracias a la regla de oro, la de los 180 grados, que te voy a presentar a lo largo de este libro. Tomar clases de aikido o de judo te puede ayudar a cambiar la postura: de repente tienes menos miedo de pelearte, los demás lo notan y piensan que eres un blanco menos interesante, porque es más arriesgado atacarte. **COMO MÍNIMO, YA INTENTAS MIRAR A TUS ADVERSARIOS A LOS OJOS.** A veces, basta con esta mirada.

 ¡Acción!

¡tu turno!

▶ ¿Has observado alguna vez a chicos víctimas de bullying? Explícalo.

▶ ¿Funcionó?

▶ Y tú, ¿qué habrías hecho en su lugar?

▶ ¿Qué notas en su actitud?

▶ ¿Qué intentaron hacer ellos (o ellas) para cambiar la situación?

Cipriano

13 años

«En el patio,
nunca me dejan
en paz».

Historia n.º 1

Cipriano

13 años

«En el patio, nunca me dejan en paz.

Me llamo Cipriano. Como suelo decirle a mi madre, el nombre en sí ya es un problema. Digamos que no ayuda. Pero, bueno, ella no podía saber que iría a parar a esa clase.

EN MI CLASE hay una gran mayoría anónima con la que no hablo y que no me habla, sin duda, por miedo a que les contagie. Y también están Álex y su pandilla. El número de esbirros que tiene Álex es variable, yo diría que entre 5 y 8 en función del día. Cuando son 8, es peor para mí. En general, todo el mundo considera que Álex es un guaperas, y es muy popular. Incluso los profes le temen. Puede hacer casi todo lo que quiera sin consecuencias, nunca pasa nada.

Cuando lo pillan, pone cara de no haber roto nunca un plato, y le funciona bien con los adultos. Lo que más le gusta en este mundo es venir a insultarme y pegarme prácticamente cada vez que salimos al patio desde septiembre.

RESPECTO AL PATIO, es un escenario bastante repetitivo. Cuento lo de esta mañana, que lo tengo fresco: yo estaba sentado en un banco leyendo. [Sí, no os

«Me llamo Cipriano. Como suelo decirle a mi madre, el nombre en sí ya es un problema. Digamos que no ayuda».

lo he dicho, soy un empollón, tengo una media de 9, soy bajito, llevo gafas y, en cuanto a músculos, prefiero no hablar del tema. Además, si no leyera, me sentiría muy desgraciado, no me veo en el patio admirando los árboles, ni caminando o corriendo a su alrededor durante el cuarto de hora que dura el recreo (con la pandilla de Álex pisándome los talones)]. Entonces, Álex se acercó con sus matones como quien no quiere la cosa (para que los vigilantes del patio no se fijaran en él desde lejos). Después, fingió que se sorprendía de verme y me dijo: «¿Qué, pringao, estás solo, para variar?».

ENTONCES, SU SUPERESBIRRO Esteban, comentó: «No, hombre, tiene a su amigo imaginario de cuando era pequeño, que sigue en su cabeza. Dicen que le envía wasaps». Ahí, risitas groseras de toda la pandilla y, después, Álex se sentó a mi lado en el banco (la pandilla se puso delante para que no lo vieran los profes que vigilan el patio) y me dio un codazo en las costillas diciéndome: «¿Qué, tío?, ¿sales de marcha este finde?, ¿con tu abuela?».

Otra vez, más risas de los secuaces. Después, me tiró de los pelitos cortos de la nuca, y eso hace muchísimo daño. Entonces, le dije (tranquilamente): «Para, déjame ya». **ENTONCES, SE LEVANTÓ DE UN SALTO**, como si estuviera actuando en una obra de teatro, y me preguntó: «¿Así me agradeces que yo sea tu único amigo, Cipriano?». (¿Has visto qué humor tan fino tiene?) Y entonces, cogió mi mochila, la vació en el suelo y se fue, mientras yo volvía a meter mis cosas en la mochila intentando contener las lágrimas. Una vez, me rompió el móvil y lloré.

«Para, déjame ya».

DESDE HACE UN MES O ASÍ, también le gusta atacarme cuando estamos en clase, ya que a todo el mundo le da exactamente igual. Ayer puso la punta de su compás apuntando hacia arriba en mi silla y, cuando me senté, me hizo un daño horrible y grité. Mis gritos hicieron que no se oyera su risa, y a mí me enviaron a Secretaría. La profe me dijo: «Hay que controlarse un poco, Cipriano, ¿no crees que tus gritos han sido un poco excesivos?». Le respondí: «Lo siento». Porque, obviamente, no es algo que pueda comentar con nadie que tenga más de 14 años. Los chivatos no duran mucho en el patio, y yo ya he llegado al límite y no voy a añadir más razones para que se meta conmigo. Pienso que un día de estos se hartará. Pero ahora ya hace ocho meses que pienso lo mismo y todo sigue igual.

A VECES, CUANDO ESTOY EN LA CAMA, DE NOCHE, pienso que si yo fuera más alto y más cachas, lo estamparía contra la pared y le gritaría «¡QUE ME DEJES YA!». Pero, bueno, soy bajito y esmirriado. Además, ellos son muchos. Si en junio todo sigue igual, pediré a mi madre que me cambie de colegio**≫**.

¿Cómo lo ves?

TÚ

▸ **¿Esta situación** se parece a las que has podido observar en otros compañeros? Fíjate en los puntos que hay en común.

▸ **Cuando, al principio, Cipriano dice que la clase no le habla por miedo a contagiarse, ¿a qué contagio crees que se refiere?**

▸ **¿Has tenido miedo alguna vez a ese tipo de contagio?**

▸ **Si te pasara a ti, ¿qué harías?**

Mi consejo
▶ de psicóloga

 Aquí tienes un método muy interesante para transformarte en estratega de la flexibilidad:

1 Cuando un problema persiste, hay que analizar todo lo que hemos hecho para intentar resolverlo y lo que lo ha agravado.

2 A continuación, tenemos que ver si hay algún punto en común entre todas estas soluciones que no lo son y que no hayamos detectado que agravan el problema.

3 Y, por último, hay que encontrar algo que vaya exactamente en sentido contrario al de ese punto en común, ya que es eso lo que lo agrava.

Es lo que se denomina **regla de oro**

o estrategia de los 180 grados,
o boomerang estratégico,
o flecha de resistencia.

¡Es algo que conocen solamente algunos megaexperimentados agentes del FBI!

Por lo tanto, en el caso de Cipriano, si tuviéramos que hacer un esquema de lo que ha intentado hacer para resolver su problema (los esquemas ayudan a comprender), daría esto:

Aquí, el punto en común es «Para», pero dicho de una forma tan suave que es como si Cipriano gritara: «Continúa, no pasa nada porque me insultes y me empujes, pase lo que pase, no me defenderé». Por lo tanto, la estrategia de los 180 grados será «Sigue» (lo contrario de «Para»), pero dicho con un tono fuerte, mostrando a toda la pandilla hasta qué punto podría ser peligroso para Álex continuar los ataques.

PARA HACER ESTE VALIENTE GIRO DE 180 GRADOS, ESTO ES LO QUE ACONSEJÉ A CIPRIANO:

La próxima vez (es decir, mañana) que Álex se acerque a ti y te diga «pringao», contéstale, lo suficientemente alto para que todo el mundo lo oiga: «¡Pringao serás tú! ¿Qué pasa, no tienes más amigos, y tienes que venir a hablar conmigo para tener vida social?». Imaginemos que te contesta: «¿Qué dices, nerdo?», tirándote de los pelos o dándote un golpe (porque es posible) podrías especificarle: «Pues eso, mira, te pasas todos los patios conmigo, si no, no tienes vida social». Y si, en ese momento, Álex grita: «¡Cierra el pico, imbécil!» y se va, le podrías susurrar: **«HASTA MAÑANA, NO OLVIDES QUE SIN MÍ NO ERES NADA».**

Cipriano, que, como has podido comprobar, es muy inteligente, lanzó la primera flecha después de haber entrenado bastante tiempo delante del espejo para decirlo cada vez más alto. Además, se le ocurrió dar golpecitos en el banco y dijo exactamente: «¡Pringao lo serás tú! ¿Qué pasa, no tienes más amigos, y tienes que venir a hablar conmigo para tener vida social? Ven a sentarte y hablamos, tío».

Me contó sonriendo que Álex se puso rojo y que Esteban se empezó a reír con una risa nerviosa. Álex se dio la vuelta hacia Esteban y le preguntó: «¿De qué te ríes, idiota?», y se fue, y los otros le siguieron, pero un poco más lejos que de costumbre. La mochila de Cipriano no fue vaciada en el suelo.

A PARTIR DE AQUEL DÍA, CADA VEZ QUE SE CRUZA CON ÁLEX, CIPRIANO ABRE LOS BRAZOS DE PAR EN PAR COMO SI LE FUERA A DAR UN ABRAZO. Álex ha desviado la mirada todas las veces. Ya no va hasta el banco de Cipriano, que ha decidido no cambiar de colegio porque, al final, dice: «He hecho algunos amigos al contar la historia de Álex».

¡tu turno!

▶ ¿Cuáles crees que eran las dificultades principales a las que se enfrentaba Cipriano?

▶ Escribe otra flecha verbal que pueda lanzar Cipriano en caso de que Álex vuelva a la carga.

María
12 años

«Me usan y me tiran
como si fuera
un kleenex».

Historia n.º 2

María

12 años

«Me usan y me tiran como si fuera un kleenex.

Cuando llego a la puerta del colegio por la mañana, no sé si las chicas de la pandilla de Verónica me saludarán con un beso o si fingirán que no me conocen y me insultarán disimuladamente llamándome «puta, zorra...» en cuanto me aleje.

ESTO OCURRE más o menos cada dos meses, y durante una semana (una vez duró diez días) me excluyen completamente. Después, al cabo de un tiempo, Isabel, la mejor amiga de Verónica, viene y me dice «Venga, Verónica ha dicho que ya puedes volver, pero intenta ser un poco más madura». Entonces, digo: «Sí, prometido, lo siento».

Bueno...
Verónica dice que puedes volver al grupo
¡Ah, no!
¡Ah, sí!
¡Ah, no!
¡Ah, sí!

CUANDO ESTOY EN LA PANDILLA es genial porque es un grupo muy famoso en el cole y, por la tarde, nos pasamos horas wasapeando; los fines de semana, vamos a casa de alguna y nos lo pasamos superbién. Yo no hablo mucho cuando estamos juntas porque tengo demasiado miedo de decir alguna idiotez y que me excluyan, pero, en realidad, eso tampoco funciona, porque, de repente, Verónica e Isabel dicen que nunca digo nada, que no sirvo para nada y a menudo añaden: «Tienes suerte de ser guapa». Es superofensivo, pero prefiero sonreír para que no tengan un motivo para pasar de mí. De todas formas, estoy tan estresada cuando estoy en el grupo por la idea de que me dejen fuera de la pandilla que soy incapaz de decir nada inteligente.

> «No hablo demasiado cuando estamos juntas porque tengo demasiado miedo de decir alguna idiotez y de que me excluyan...».

CUANDO ME EXCLUYEN, no intento acercarme a ellas, sería peor, sino que me quedo cerca por si viene Isabel a buscarme, para que me encuentre rápido. No hablo demasiado con otras chicas porque tengo demasiado miedo de que se olviden definitivamente de mí si ven que me intereso por otras personas. A veces, otras chicas vienen conmigo a comer en el comedor, cuando estoy sola, Valentina y Susana sobre todo, son majas, pero no es lo mismo.

UNA VEZ se lo conté a mi madre y se puso como una fiera.

Me dijo: «Tienes que encontrar otras amigas que sean más simpáticas». Pero ella no entiende que yo no quiero estar con otras amigas, que quiero estar con ellas. Después fue horrible, mi madre quería llamar a la de Isabel, ya que se conocían porque habían sido compañeras de trabajo. Le supliqué que no lo hiciera porque eso seguro que habría hecho que me excluyeran definitivamente y habría quedado como una niñata total. Por suerte, no lo hizo.

REALMENTE, ESTOY HARTA, O ME DUELE LA BARRIGA POR EL MIEDO QUE TENGO A QUE ME RECHACEN, O ESTOY SUPERTRISTE PORQUE ESTOY SOLA».

«Tienes que encontrar otras amigas que sean más simpáticas».

¿Cómo lo ves?

▸ Según tu opinión, ¿a qué dilema se enfrenta María?

▸ Analiza su caso y comenta cómo aplicarías la regla de oro para ayudar a María.

▸ ¿De qué tiene más miedo? ¿Has sentido alguna vez ese tipo de miedo?

▸ ¿Crees que su madre debería haber llamado a la de Isabel? ¿Por qué?

▸ Si tuvieras que elaborar una lista de lo que ha hecho María para resolver el problema, ¿qué puntos incluirías?

Mi consejo
▶ de psicóloga

 María se enfrenta a un dilema difícil:

1 Una opción es dejar que Verónica e Isabel decidan cuándo la quieren en el grupo y cuándo no. En ese caso, ella continuará como un kleenex que toman o tiran y todas las chicas la despreciarán, pero, al mismo tiempo, ella continuará a veces en el grupo. Vemos claramente que eso, para ella, es muy importante, aunque signifique quedar como un trapo sucio. Si escoge esta solución es casi seguro que la van a excluir cada vez más y durante más tiempo. Sin duda algún día la dejarán fuera para siempre, pero probablemente no lo harán de forma inmediata...

2 Otra posibilidad sería que la próxima vez que Isabel vaya a verla y le diga: «Venga, Verónica ha dicho que puedes volver», ella conteste: «No». En ese caso, hay un riesgo elevado de que no la vuelvan a admitir en ese grupo tan popular. Y eso, para María, es una verdadera pesadilla.

▶ **ES ELLA QUIEN DEBE DECIDIR QUÉ ES MENOS DOLOROSO, PORQUE, POR DESGRACIA, NO HAY UN CAMINO FÁCIL EN ESTE TIPO DE SITUACIONES.**

María estaba realmente muy triste, muy angustiada y quería que cambiara la situación, así que decidió tomar el segundo camino. Por eso, le recomendé lo siguiente (si hubiera escogido el primero, no nos habría necesitado, sabe perfectamente cómo comportarse en ese caso): **«LA PRÓXIMA VEZ QUE EL GRUPO DE VERÓNICA TE RECHAZE, TE PROPONGO QUE HAGAS UN VERDADERO GIRO DE 180 GRADOS».**

Para empezar, tú haces ver que estás muy alegre, hablas solamente con Valentina y Susana, y no echas ni una ojeada al grupo de Verónica, como si fueras la más feliz del mundo. Es difícil, pero muy importante: deben tener la impresión de que ya no las esperas en absoluto, al contrario que las otras veces. Después, cuando Isabel te anuncie que ya puedes volver a la pandilla, puedes contestarle lo siguiente: «Isabel, gracias por venir a buscarme, pero lo he pensado bien y he decidido poner fin a esta esclavitud. Ya no volveré a vuestra pandilla. Aunque comprendo que tú no tengas más remedio que estar ahí».

María lo llevó a la práctica. Cuando le dijo que no volvería al grupo, Isabel, que solo era la primera dama y no la soberana, se quedó sorprendida y en silencio unos treinta segundos. Después, volvió corriendo como una bala hasta su reina. En el siguiente recreo, fue su majestad en persona la que fue a ver a María: «¿No crees que Isabel es un poco inmadura últimamente? Ya no la aguanto más. ¿Qué haces el sábado?».

María me confesó que había tenido dudas porque realmente era una situación (ser la primera dama de compañía de Verónica) con la que había soñado a menudo, pero pensó en todos esos momentos de estrés cuando estaba en el grupo, de tristeza cuando ya no estaba dentro, y le contestó: «Además de ser una inmadura, quizá esté un poco sorda. Como le he dicho esta mañana, ya no quiero estar en esa pandilla. Estoy en contra de la esclavitud». Y María dio media vuelta. Verónica volvió dos veces a la carga, pero María resistió. «Con Susana y Valentina hay democracia y por fin respiro», me aseguró sonriendo.

¡tu turno!

▶ ¿Qué te parece la elección de María?

▶ ¿Qué habrías hecho o dicho tú en su lugar?

David

14 años

«Todos dicen
que soy gordo
y feo»

Historia n.º 3

David

14 años

«Todos dicen que soy gordo y feo.

Gordo, un poco. Pero hay chicos más gordos a los que no les insultan así en el colegio. Feo, no sé, no te puedo decir, pero es verdad que tengo bastantes granos, porque, como toda esta historia me estresa, siempre me los estoy tocando y reventando, o sea que soy un granítico. De hecho, es uno de los apodos que ellos me han puesto.

DIGO «ELLOS» porque son muchos, a algunos ni siquiera los conozco y me insultan en la parada del autobús o se burlan al verme pasar. Incluso hay algunos que tienen más de dieciséis años y ni siquiera van a mi cole.

Yo finjo que no oigo nada, pero estoy realmente harto de

no saber nunca si me van a insultar o no al entrar en una clase, al conectarme a Facebook o al llegar al comedor del cole, donde como solo desde hace dos años.

EL COCINERO DEL COLEGIO hace un año, se puso a gritar: «¡Ya basta! ¡Él también va a esta mesa!», y fue horroroso. En cuanto se dio la vuelta, me chincharon durante toda la comida, incluso me aplastaron un quesito en la cabeza. Al día siguiente, le dije al cocinero que prefería comer solo y él murmuró «Menuda pandilla de idiotas», pero no insistió.

«Dije al cocinero que prefería comer solo».

DE TODAS FORMAS, creo que él habló con el jefe de estudios, porque mis padres y yo tuvimos que ir a verle justo después. Yo estaba preocupado porque, como mi madre es muy sensible y mi padre se enoja enseguida, no quería que se preocuparan por ese tema (porque mis notas ya están en caída libre) y también porque tenía un poco de miedo por lo que pudiera pasar. Sobre todo conociendo a mi padre. Así que en el despacho del jefe de estudios minimicé bastante lo ocurrido, pero mi padre igualmente se puso furioso.

Decidió venir a buscarme por la tarde al colegio porque yo había dicho que, cuando iba en el autobús, había gente que no conocía que se metía conmigo. Dije que no los conocía para que el jefe de estudios no empezara a preguntar nombres. Y entonces, en cuanto nos cruzábamos con alguien

que se burlaba de mí disimuladamente al cruzarnos con él en las
inmediaciones del colegio, lo ful-
minaba con la mirada.

> «Prométame que no le va a decir nada al jefe de estudios ni a mis padres».

Yo estaba superagobiado; no-
taba que era peor pero era difícil
decírselo, él lo hacía porque me
quiere y quiere protegerme. Lo que pasa es que entonces sí
que parecía de verdad un pringado.

HASTA EL DÍA en que se fue de cabeza hacia un grupo de
tres chicos que yo ni siquiera conocía y les gritó: «El primero
que se acerque a mi hijo a más de un metro, lo reviento y
después llamo a la poli por acoso, ¿está claro?». Se asusta-
ron, está claro, mi padre es superalto y, cuando grita, mete
mucho ruido, y lo de la poli siempre asusta. Pero solo tuvie-
ron miedo cinco minutos, porque eso no cambió nada.
Bueno, sí, al día siguiente, les oía llamarme «Granítico, bo-
cazas», «niñato», o sea, horrible. Peor que antes. Pero grita-
ban menos, para que no los pillaran.

Para que mi padre no volviera, le dije que se había solu-
cionado el tema. Pero era mentira. Aquello era cada vez más
infernal. Pasaba mucho tiempo en la enfermería, y un día
me puse a llorar y se lo conté todo a la enfermera, ya no
podía más.

LE DIJE: «Prométame que no le va a decir nada al jefe de
estudios ni a mis padres». Ella me contestó: «David, no
puedo quedarme cruzada de brazos, sentiría que no estoy
ayudando a alguien que está en peligro. Simplemente, voy a

decir al jefe de estudios que me he enterado de que hay varios casos de bullying para que pueda hacer una charla. Creo que, al ver las consecuencias psicológicas, se darán cuenta del daño que hacen. Y dejarán de hacerlo».

YO NO LO CREÍA, la verdad; pero, bueno, pensé que se podía intentar.

Vino una psicóloga. Enseñó unos vídeos del Ministerio de Educación en los que hay tres chicos a los que acosan y uno de ellos es gordo, exactamente como yo. Al final de cada historia, hay otro alumno que les defiende y, después, los otros, en los vídeos, se avergonzaban de lo que habían hecho.

El problema es que eso no es real. No hay héroes en el patio que vayan a defender a los acosados, o al menos yo nunca he visto a ninguno.

Pero cuando vimos el vídeo del gordo, toda mi clase se giró para mirarme y burlarse y yo les oía decir: «Ese actor de ahí es el Granítico cuando no tenía granos». Después de ver los vídeos, me pidieron autógrafos.

LA ENFERMERA NO VIO que se burlaban de mí.

Cuando vino a preguntarme qué me había parecido la intervención, dije: «Genial». Parecía tan contenta. No sé si voy a poder aguantar mucho tiempo**»**.

¿Cómo lo ves?

▶ ¿Ya has confiado tu problema a un profe?, ¿a tu madre o a tu padre?, ¿a un amigo?

▶ Intenta hacer un esquema de la situación de David.

▶ ¿Qué efecto tuvo?

▶ ¿Por qué crees que fue así?

▶ ¿Qué podrías proponer aplicando la regla de oro de 180°?

Mi consejo
▶ de psicóloga

 Veamos el esquema de lo que intentó hacer David que no funcionó.

Si el punto en común es «¡Basta!», entonces, tiene que encontrar una defensa que diga lo contrario, es decir: **«OIGO PERFECTAMENTE LO QUE DECÍS DE MÍ Y LO ASUMO».**

Lo que pasa es que es una situación complicada para David porque la gente no se ríe de él a la cara, sino disimuladamente. Entonces, no puede contestar de una forma directa. **TENEMOS QUE INVENTAR UNA ESTRATAGEMA.**

Estas son algunas soluciones entre las que David podía elegir la que le pareciera más conveniente:

1 Ponerse una loción contra el acné en la foto de perfil de Facebook y poner en su estado: «Como esto interesa a muchos de mis fans, voy a indicar todos los días en qué punto estoy: hoy, 20 de febrero, 42 granos, 8 muy maduros, uno seguro que va a repintar todo el lavabo y unos quince en vías de cicatrización. Respecto a los demás, estado estacionario. ¿Alguien da más?».

2 Cada vez que oiga su mote, darse la vuelta tocándose la cara y lanzarse sobre uno de los que se burlan gritando: «¡Cuidado! Es contagioso, mañana tendrás cuatro granos purulentos».

3 Hacerse una camiseta y estampar este mensaje: «Tengo acné, pero tiene solución. Tu cerebro, no». David escogió la última solución para empezar. **DESPUÉS DE RECIBIR LA CAMISETA, DUDÓ MUCHO ANTES DE PONÉRSELA.** «Era complicado, me dijo, porque como lo que yo quería era que dejaran de mirarme, pensaba: "Va a ser peor, todos se van a fijar aún más en mí". Pensaba que no me mirarían igual que siempre (como ya lo habíamos hablado), pero no estaba del todo seguro, ¿entiendes?».

Y una mañana de primavera en la que se sentía más fuerte porque la semana había sido menos atroz, David se puso la camiseta y se fue al colegio un poco como quien se sumerge en el agua aguantando la respiración.

Se cruzó con dos chicos que iban al instituto en la parada de bus que le dijeron: «**GENIAL, TÍO, TU CAMISETA, ¿DÓNDE LA HAS COMPRADO?**», y pusieron una foto en Snapchat. Entonces, David cogió aire. El resto del día, mucha gente lo miró sonriendo en el colegio. Pero ya no eran sonrisas burlonas. David se sintió mejor. Y por la tarde cambió su foto de estado de Facebook para poner la camiseta. «Nunca había tenido tantos "me gusta", me dijo, pero además, antes de eso, mi foto había circulado por todas partes, y la gente, incluso los que se burlaban de mí, creo, pusieron comentarios diciendo que tenía agallas.

Al día siguiente no me la puse, pero todo había cambiado. **ESTUVE PASEANDO Y MIRANDO A LA GENTE A LOS OJOS**. Después fui a contarle a la enfermera toda la historia, y dijo que la regla de los 180 grados tendría que explicarse a todas las enfermeras escolares del mundo. Estoy de acuerdo con ella».

"¡tu turno!

▶ ¿Qué otra idea habrías sugerido a David?

Mario
11 años

«Mi hermano
es mi peor enemigo
del universo».

Historia n.º 4

Mario

11 años

«Mi hermano es mi peor enemigo del universo.

Los dos vivimos con mi madre y vemos a mi padre un fin de semana sí y otro, no. Benjamín tiene 14 años. Cuando yo era pequeño, era bueno conmigo, pero desde hace un año es la guerra, o más bien un bombardeo contra mí.

En cuanto abro la boca, me dice: «Que cierres el pico, enano. Eres un inútil».

Cuando pasa por detrás de mí, me da un golpe en la silla a propósito y si le digo «Para», me imita como si yo fuera un niño de 4 años.

SI SACO BUENAS NOTAS y mi madre me felicita, él me mira con cara de enfadado y dice: «Mira, el empollón tiene a su mamá, está contento, su mamá le va a dar un abrazo por haber sacado un notable. Vaya idiotez». Él está estudiando formación profesional, quiere ser jardinero, como nuestro padre.

> **«Que cierres el pico, enano. Eres un inútil».**

Es bueno en las prácticas, pero no saca muy buenas notas en la parte teórica.

SIEMPRE SE OLVIDA deliberadamente de hacerme un regalo por mi cumpleaños y Navidad, mientras que yo siempre lo recuerdo.

Estamos en el mismo cole (¡qué mala suerte!) y a menudo me ve en el patio y viene a verme con dos de sus amigos y me restriega la cabeza superfuerte diciendo: «¿Qué tal, enano?». Por suerte tengo buenos amigos, si no, se reirían de mí, porque, cuando lo hace, me saca de quicio y le insulto, pero parezco un bebé que pierde el control y a mi hermano le encanta. Se burla con sus dos amigos diciendo: «¡Es divertido, eh! ¡Un enano que se pone nervioso!», y a los otros les parece divertido.

EL OTRO DÍA, estaba con mi amiga Úrsula y mi hermano hizo comentarios sexuales sobre nosotros dos. Me puse rojo, tenía ganas de llorar, iba a ponerme a gritar, pero Úrsula le dijo: «¿Siempre eres tan violento con los de sexto? Claro, no te dan tanto miedo, ¿eh?». A Benjamín no le gustó nada. Se alejó, riéndose sin ganas. Después, he notado que ya no viene cuando Úrsula está cerca, pero, bueno, es raro que ella y yo coincidamos entre clases.

El que te acaba de dar una torta...
es tu hermano, ¿no?
¿Cómo lo has adivinado?

Cuando se comporta así en casa, mi madre le dice que pare. Entonces, él me mira y dice: «Ay, el pobre mimado tiene a su mami, ahora, se pondrá a llorar para que le dé un abrazo». Y a mi madre le dice: «No ves que lo estás convirtiendo en un gallina, papá tiene razón». Entonces, normalmente, ella le dice: «Vete a tu habitación, no necesito tus consejos, mocoso», y él se va dando un portazo. En aquel momento, me siento aliviado, pero estoy seguro de que me lo va a hacer pagar al día siguiente.

«No ves que lo estás convirtiendo en un gallina, papá tiene razón».

A VECES, DESDE MI HABITACIÓN oigo a mi madre hablar con Benjamín. Le dice: «Hieres los sentimientos de tu hermano, sabes, y a mí me da mucha pena todo esto. Además, estoy harta de estos gritos todo el día, de esta agresividad en cada comida. Me agota».

Eso acaba siempre en que Benjamín sube a su habitación diciendo: «De todas formas, el único que cuenta en esta casa es el enano. Menos mal que me falta poco para irme porque ya no os aguanto más».

Y MI MADRE GRITA EN LAS ESCALERAS: «¡Al menos, Mario es simpático!».

Y al día siguiente de este tipo de discusiones entre Benjamín y mi madre, normalmente es peor entre él y yo.

A veces es majo, me deja jugar con sus videojuegos, pero cada vez menos. Me gustaría volver a tener a mi hermano mayor de antes, pero creo que es imposible**»**.

¿Cómo lo ves?

TÚ

▶ Y tú, ¿has tenido alguna vez problemas con tus hermanos y hermanas? ¿Cuáles?

▶ ¿Qué hiciste?

▶ ¿Funcionó?

▶ Si fueras amigo de Mario, ¿qué le aconsejarías que hiciera?

Mi consejo ▶ de psicóloga

 Una vez más, vemos que todo lo que se ha intentado hacer ha sido decirle a Benjamín que pare.

Y tenemos la impresión no solo de que no funciona, sino de que es como si le irritara cada vez más. Es lógico: como él piensa que Mario es el favorito y eso le pone furioso, cuanto más defiendan a su hermano, con más razón puede decir que es el preferido y más rabia le da. **POR LO TANTO, ES URGENTE QUE DESAPAREZCA ESTA DEFENSA CONSTANTE.**

Lo que vemos de lo que cuenta Mario es que la única vez que alguien ha parado los pies a Benjamín cuando se burlaba de él, ha sido cuando ha tenido de miedo de que, si continuaba, sus amigos pensaran que era un cobarde que solo se metía con los pequeños. Por eso, no molesta a Mario cuando Úrsula está con él. **ESTO NOS DA UNA PISTA DE LO QUE LE DA MIEDO.**

Por eso, aconsejo a Mario lo siguiente:

1 Pide a tu madre que, durante un tiempo, ya no te defienda de Benjamín. Dile que cuanto más se pone de tu parte, peor te va, porque cada vez que ella dice algo, él se vuelve más agresivo contigo.

2 Y dile que has encontrado una defensa para la próxima vez que te agreda (es importante que tanto tu hermano como tu madre comprendan que tú puedes defenderte solo). Además, ella no se debe sorprender cuando tú le digas: «Continúa siendo así de malo conmigo, Benjamín, así seguiré siendo el preferido de mamá y a ti te va a querer cada vez menos», y entonces le dices a tu madre que estaría bien que defendiera un poco a Benjamín, para variar, por ejemplo, diciendo: «Mario, eso que has dicho es muy cruel, pues claro que quiero a Benjamín, para, por favor».

3 En el patio, la próxima vez que venga a molestarte, incluso antes de que haya abierto la boca, anuncias a tus amigos: «Anda, el único estudiante de ESO que se mete con los de primaria porque si no tiene demasiado miedo... Es mi hermano Benjamín, ¡démosle un fuerte aplauso!». Y aplaudes.

LO MEJOR ES QUE AVISES A TUS AMIGOS DE LO QUE TIENES PREVISTO HACER.

Mario empezó por pedir a sus amigos que aplaudieran con él la siguiente vez que Benjamín fuera a molestarlo. Al cabo de unos días, cuando llegó su hermano, Mario lanzó la flecha exactamente como la habíamos preparado. Benjamín se fue muy deprisa diciendo: «Pobre enano». Pero Mario vio claramente que quería irse cuanto antes.

«POR LA TARDE, YO TENÍA MUCHO MIEDO AL VOLVER A CASA, pensaba: "Se va a vengar, será terrible". No quería pasarme de listo. Se lo había dicho a Úrsula, que pensaba que si yo lanzaba bien mi segunda flecha en el momento exacto en el que empezara a molestarme delante de mi madre, eso seguramente lo calmaría. Pero, a pesar de eso, yo no estaba demasiado tranquilo al llegar a casa aquella tarde.

A la hora de la cena, Benjamín murmuró: «Bueno, enano, te haces el listo en el patio, pero sabes que si quiero bajarte los humos lo tengo fácil, basta con que te atrape en un rincón».

Mi madre se sobresaltó (aunque le había explicado el plan de acción unos días antes, **ELLA TENÍA REALMENTE GANAS DE INTERVENIR COMO SIEMPRE**), pero me adelanté y respondí: «Venga, sigue, si además me pegas, está claro, ya no solo voy a ser el preferido de mamá sino también de papá, cuando se entere, y ya se lo contaré yo, y va a pensar que yo soy superbueno y que tú eres un bruto. Así que, venga, hazme el favor, pégame fuerte para que después pueda enseñarle las marcas». Entonces, mi madre se marcó un punto y soltó: «Mario, mira que eres retorcido, estás molestando a Benjamín», y le dio un beso a mi hermano en la cabeza. Él se apartó un poco, pero vi que estaba contento. Entonces, me fui dando un portazo, haciéndome el mártir. **DESDE ESE DÍA, NO ME HA VUELTO A LLAMAR ENANO».**

¡tu turno!

▶ **¿Qué te parece la flecha de Mario?**

▶ **¿Qué debería hacer si Benjamín volviera a las andadas a pesar de todo?**

Edu
13 años

«Ya no aguanto más
a mi padrastro».

Historia n.º 5

Edu

13 años

«Ya no aguanto más a mi padrastro.
Tengo la impresión de que siempre está reprochándome algo, y, cuando no lo hace, parece tan enfadado que es casi lo mismo.

Es la pareja de mi madre. Al principio, no iba del todo mal, pero hace seis meses que no puedo más. Ya no lo aguanto. Procuro esforzarme porque él es bueno con mi madre, pero siento que un día de estos vamos a acabar mal porque parece que busque cualquier excusa para que esto degenere. Mi madre dice que no pongo de mi parte, pero, francamente, como dice mi padre cuando se lo cuento (y mi abuela también), ¿quién tiene que hacer el esfuerzo, el adulto o el chico?

POR EJEMPLO, acabamos de comer y, entonces, le parece que no recojo la mesa lo suficientemente rápido y salta, con un tono histérico: «¿Cuándo tienes previsto hacerlo?»; entonces yo le contesto: «Vale, ya voy, ¡ni que hubiera un incendio!» (cosa que es verdad), y mi madre dice: «Lo va a hacer, no te enfades», y entonces él se levanta de la mesa enfadándose igualmente, diciendo que está harto de la gente que le toma el pelo, y entonces yo digo:

> «¿Quién tiene que hacer el esfuerzo, el adulto o el chico?»

«¡No es para tanto!», mi madre me dice: «Venga, no eches más leña al fuego», y él vuelve diciendo: «Cómo que no es para tanto, Edu, cómo que no es para tanto, ojo con lo que dices», y entonces mi madre dice: «Venga, no pasa nada, tranquilidad», y yo digo: «Es él el que siempre pone mala cara por nada», y él dice: «¿Has visto cómo me habla tu hijo, y no dices nada?», y mi madre contesta: «No os aguanto más», y entonces yo respondo: «Muchas gracias, pero yo no he hecho nada», él se va a su habitación gritando que ya está hasta las narices, y mi madre y yo recogemos la mesa en silencio.

YO VEO QUE ELLA ESTÁ TRISTE. A menudo, después de una pelea, me pide que me esfuerce, yo veo injusto que el único que tenga que esforzarse sea yo.

Además, tengo la impresión de que aunque lo hiciera, él seguiría estando enfadado conmigo, porque a veces intento ser simpático y ni siquiera me contesta. Es como si él pensara: «No creas que así te vas a salir con la tuya».

Así que, nada, creo que le iría bien madurar un poco.

POR LA TARDE tengo un poco de dolor de estómago cuando vuelvo a casa. Tengo miedo de las peleas que puede haber y también estoy enfadado con él y triste por mi madre. Pero, la verdad, no veo qué puedo hacer**»**.

«Intento ser simpático y ni siquiera me contesta».

¿Cómo lo ves?

▶ ¿Has tenido problemas con algún adulto de tu familia? Explícalo.

▶ Inspirándote en la historia de Edu, ¿qué flecha se te ocurre ahora? También puedes utilizar la historia de Mario y Benjamín, porque se parecen un poco.

▶ ¿Qué hiciste?

▶ ¿Funcionó?

Mi consejo
▶ de psicóloga

 Veamos el esquema sintético:

Dije a Edu: «Tengo la impresión de que lo que irrita mucho a tu padrastro es que tu madre te defienda y le dé a entender que es injusto contigo (y también, claro, el hecho de que tú seas lento a la hora de quitar la mesa, pero eso es bastante lógico cuando se tienen 13 años). Es como si se encontrara solo contra vosotros dos. **ESTOY DE ACUERDO CONTIGO: NO PARECE UNA PERSONA FÁCIL,** pero si durante los cinco años que quizá te quedan por vivir bajo el mismo techo, se pudiera encontrar una solución para que hubiera menos conflictos, estaría bien para ti y para tu madre.

Me gustaría saber qué pasaría si explicaras a tu madre lo siguiente: "Creo que si queremos que Fernando se tranquilice, tiene que creer que tú estás de acuerdo con él cuando me riñe. La próxima vez que él critique algo que he hecho, o sea, esta tarde, estaría bien que me guiñaras el ojo discretamente y que multiplicaras su queja por dos. Por ejemplo, si vuelve a plantear el problema de quitar la mesa", Fernando dice: "¿Cuándo piensas recogerla?", y tú (guiñándome el ojo discretamente), respondes: "Sí, es verdad, Edu, ¿es que vas a esperar cien años solo para hacernos enfadar?", y yo digo: "Bueno, ¡ni que hubiera un incendio!". Y tú, delante de Fernando: "No, pero ¿quién te crees que eres para hablarnos de esa forma? Un poquito de tranquilidad, ¡eh!"».

«LO IMPORTANTE ES NO REÍRSE. Si no, evidentemente, no funcionará. Otra opción sería que tú recogieras la mesa antes de que tu padrastro te lo pida, pero entonces sería menos divertido, ¿no?».

Edu reflexionó un poco y me dijo: «Mira, es que no me parece muy bien porque parece que le hagamos un complot a sus espaldas. Ya sé que es por una buena causa, pero **NO ME ACABA DE GUSTAR MENTIR DE ESA FORMA**».

Le contesté que lo comprendía y que él tenía que elegir:

▶ Podía continuar siendo auténtico y sincero y esperar que Fernando se esforzara, pero esta opción no funcionaba demasiado porque era lo que llevaba haciendo desde hacía seis meses. Aunque al menos tenía la ventaja de que todo el mundo era honesto.

▶ Otra opción era utilizar ese subterfugio no exactamente sincero, pero con fuertes probabilidades de que se calmara la situación y que su madre estuviera menos triste. Es verdad que no era una solución totalmente honesta.

TENÍA QUE ELEGIR ENTRE LA VERDAD Y LA ARMONÍA. Y NO SUELE SER UNA ELECCIÓN FÁCIL. Hablamos con la madre de Edu, y se pusieron de acuerdo para ensayar durante una semana.

LA VENTAJA DE LA ESTRATEGIA DE LOS 180 GRADOS es que no tienes que seguirla toda la vida. Basta un momento para que las cosas cambien definitivamente porque la persona pasa a ver el problema desde una óptica distinta, todos cambian su forma de ver las cosas. Eso no ocurrió en la mesa, sino en el coche, una tarde en la que Edu, por desgracia, se tuvo que quedar un poco en el patio porque estaba en una discusión superimportante sobre una fiesta que se hacía la semana siguiente, y Fernando y la madre de Edu le esperaron un cuarto de hora delante del colegio.

Cuando Edu entró en el coche haciendo ver que lo sentía, Fernando le interrumpió «**DEJA DE FINGIR QUE LO SIENTES, CUANDO LOS DEMÁS TE IMPORTAN UN BLEDO, EDU**». Entonces, su madre se dio la vuelta, le guiñó el ojo y añadió: «Hacía tiempo que no veía a nadie tan egoísta, Edu. No entiendo cómo te he educado. No tienes ningún respeto por Fernando ni por mí, que hemos trabajado todo el día y que, encima, tenemos que esperarte».

Edu bajó la cabeza y se tapó la cara con el pelo para que no se le notara la sonrisa. Entonces su madre dijo a Fernando: «No irá a esa fiesta y punto. No tenemos por qué darle el capricho a alguien que se ríe de nosotros».

«En ese punto, tuve un poco de miedo —cuenta Edu— porque pensé que Fernando aprovecharía la oportunidad para hundirme. Dije: "Oh no, por favor", poniendo cara de cordero degollado. Fernando no dijo nada, y mi madre continuó: "Dime una razón para hacerlo, Edu".

Llegados a ese punto, Fernando dio unos golpecitos en la rodilla de mi madre y le dijo: "Bueno, un poco de calma. Que solamente han sido quince minutos de retraso". Mi madre contestó: "Como quieras, pero si le dejas pasar todo, no va a cambiar". Y después me sonrió discretamente por el retrovisor».

¡tu turno!

▶ ¿Qué te parece la estrategia que pensaron Edu y su madre?

▶ ¿Estarías dispuesto a interpretar un papel para obtener ese resultado?

▶ Si Fernando vuelve a enfadarse por nada, ¿qué más podría intentar Edu, con ayuda de su madre?

Manuel

11 años

«El profe de mates
me da terror».

Historia n.º 6

Manuel

11 años

«El profe de mates me da terror.

ES PENOSO, pero ese profe me da muchísimo miedo. Cuando devuelve los exámenes o los deberes corregidos, lo hace en orden creciente de nota y todos estamos angustiados con la idea de que empiece con nuestro nombre porque sabemos que se va a burlar de nosotros. Lo hace como mínimo con los diez primeros trabajos que entrega, pero para el que ha sacado la peor nota, es realmente horrible. Por ejemplo, dice: «Espero que no hayas trabajado mucho porque eso significaría que todavía es peor de lo que imaginaba». O: «Hasta que te conocí, no me creía esas historias de discalculia, pero ahora, confieso que...». O bien: «Pero, en lengua, ¿cómo te va? Porque, a ver, no tengo claro qué podríamos hacer con-

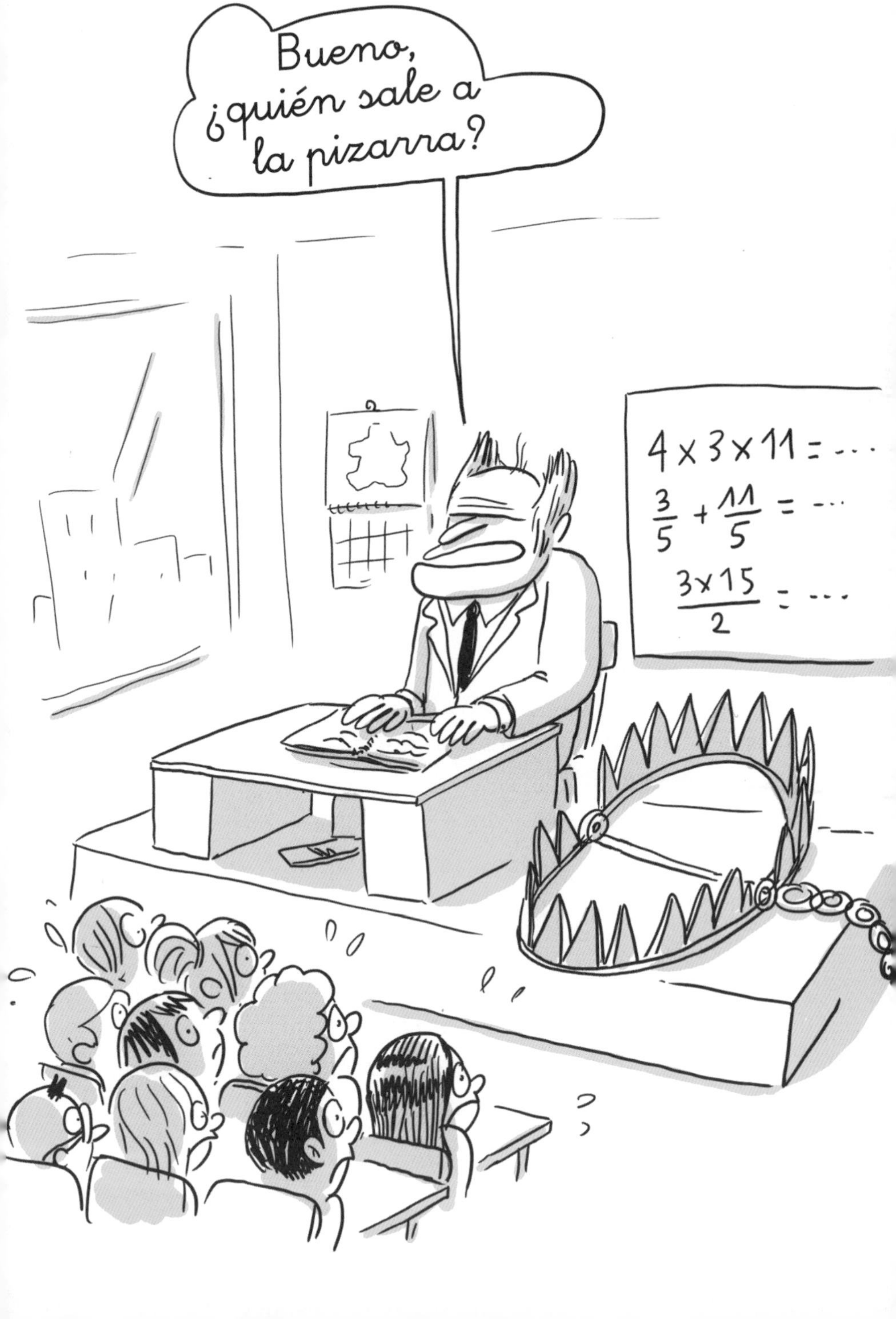
Bueno, ¿quién sale a la pizarra?
4 x 3 x 11 = ...
3/5 + 11/5 = ...
3 x 15 / 2 = ...

tigo, como no sea una escuela para ineptos». En resumen, dice cosas crueles.

TODO EL MUNDO está en silencio, esperando a que pase la tormenta. Yo siempre evito su mirada para que no se centre en mí. De momento, tengo una media de 6,5, me va más o menos bien, nunca me ha gritado y nunca se ha burlado de mí, salvo cuando está enfadado contra toda la clase y suelta escupiendo que nunca ha visto una clase «tan patéticamente inútil y descerebrada».

«Tápense los oídos si son demasiado sensibles a la verdad».

El otro día, Rafael dijo: «La verdad, señor, no está bien que nos hable de esa forma», y **ENTONCES, EL PROFE** se acercó a él y le dijo: «Yo digo lo que pienso, señor. No formo parte de esos profesores permisivos que quieren caerles bien. Tápense los oídos si son demasiado sensibles a la verdad».

Rafael no dijo nada más.

Además, ese profe es alto y gordo, a veces da golpes fuertes en su mesa y cuando habla a un alumno se pone muy cerca y tiene babas en las comisuras de los labios y es realmente desagradable. Nos dan ganas de salir corriendo.

Todos estamos paralizados, pero creo que en mi caso es peor, porque el día antes de la clase de mates no puedo dormir, por la mañana me duele el estómago y cuando entro en clase me tiemblan las piernas.

DE MOMENTO no he sacado malas notas en mates, pero tengo la impresión de tener cada vez más dolor de estómago mientras hacemos los trabajos en clase, como si tuviera agujeros negros. Y creo que acabaré con la peor nota

«Cuando entro en clase me tiemblan las piernas».

si esto sigue igual. Realmente, prefiero no pensarlo.

Los delegados hablaron con el consejo escolar pero, como él estaba presente, la situación fue un poco *heavy*. Dijeron que el profe era un poco severo y que eso estresaba a muchos alumnos. Entonces, se ve que él se puso a reír diciendo «Pues que se estresen un poco, que no les irá mal», y la directora no se rio pero no dijo nada. Parece ser que hace varios años que los delegados de los alumnos y de los padres dicen a la dirección que este profesor es estresante y desmotivante, pero todo sigue igual. De hecho, cada vez es más agresivo con sus alumnos y les puntúa cada vez con más severidad.

HE HABLADO DE ESTE TEMA con mi madre, y me preguntó si quería que ella fuera a hablar con él, pero creo que es la peor de las ideas porque él le dirá que es exigente por nuestro bien, y después se vengará conmigo. Me digo que solo me quedan tres meses de curso..., pero si vuelvo a tenerlo el curso que viene, pediré un cambio de clase. Lo que me molesta es que siento que tengo cada vez más miedo. Un miedo que no es normal**≫**.

¿Cómo lo ves?

▶ ¿**Has tenido** algún profe que te diera miedo de verdad? Explícalo.

▶ ¿Qué hiciste para intentar tener menos miedo? ¿Funcionó?

▶ ¿Qué consecuencias tuvo en ti y/o en tu trabajo?

▶ ¿Qué crees que podría hacer Manuel para que cambiara la situación?

Mi consejo
▶ de psicóloga

 Si haces el esquema sintético, verás que, de momento, todo lo que se le pide al profe (que parece un poco ogro) va en un único sentido: «Deje de ser estresante y desmotivante».

SEGÚN PARECE, HACE VARIOS AÑOS que los chicos y los padres intentan hacer cosas, y quizá la misma directora del colegio, que sin duda ya dijo al profe que debía cambiar. Pero no parece haber funcionado en absoluto. Cuanto más le dicen que pare, más cree que es falta de respeto o incitación al pasotismo. Es un poco como echar más leña al fuego de su ira y así se enfada aún más y cada vez se pone más agresivo.

Entonces, como hace mucho tiempo que dura y ya se le han enviado mensajes por parte de distintas personas, es necesario que la estrategia de los 180 grados que elabore para Manuel y su clase sea realmente muy intensa para lograr un cambio. Y, la verdad, ha requerido mucha valentía y mucho tacto por parte de toda la clase para ponerlo en marcha.

LE PRESENTO ESTA IDEA: al empezar la próxima clase, podríais decirle al profe que tenéis que comunicarle algo de parte de toda la clase, y hacéis la declaración siguiente:

«**SEÑOR, QUERÍAMOS DECIRLE** que hemos tomado conciencia del hecho de que al ser exigente y duro al máximo, usted nos prepara para la vida, la de verdad, la que nos espera, mucho más que los otros profesores porque está claro que usted es el único que tiene este objetivo. Para nosotros, es absolutamente esencial encontrar profesores que nos preparen así para lo dura que va a ser nuestra vida futura. **POR ESO, QUERRÍAMOS DARLE LAS GRACIAS Y PEDIRLE QUE CONTINÚE** diciéndonos hasta qué punto somos ineptos y decepcionantes cada vez que lo estime necesario. Eso nos ayuda. Gracias».

Esto parece muy raro, pero en cierto modo, a partir de ese momento (y realmente se debe hacer sin ninguna ironía, eso es lo más difícil):

▶ **SI EL PROFE CONTINÚA** siendo agresivo y humillante, será como si lo hiciera para contentar a los alumnos, porque han sido ellos los que lo han pedido. ¡Como si él les obedeciera! Y eso será difícil porque es evidente que lo que le gusta es que le obedezcan a él, incluso (¿o sobre todo?) si no le aprecian.

▶ **Y SI DEJA** de humillarlos en público, la clase ha ganado porque es lo que quiere. Además significa que, en el primer comentario humillante después de la declaración, será necesario que el alumno en cuestión dé las gracias al profe de una forma un poco solemne: «Gracias, señor, desde el fondo de mi corazón, por prepararnos así para la dura vida».

Evidentemente, la discusión con la clase fue muy acalorada porque, como he comentado anteriormente, era una estrategia de los 180 grados muy difícil.

DAR LAS GRACIAS A UN OGRO, LA VERDAD, ¡MENUDA IDEA!

Y, encima, pedirle que siga haciéndolo, ¡esto es absurdo! (Eso son cosas que dijeron chicos todavía poco formados en la regla de los 180 grados, al contrario que tú.)

Seguro que Manuel fue convincente porque se decidió que, en el peor de los casos, esta estrategia no cambiaría nada y que, como mínimo, habrían intentado algo distinto. **ASÍ PUES, EL ELEGIDO FUE UNO DE LOS DELEGADOS, QUE SE LEVANTÓ Y LEYÓ EL TEXTO DE PARTE DE TODA LA CLASE.**

El profe permaneció en silencio un momento, y Manuel me dijo que pasó miedo de verdad por si explotaba literalmente como un globo. Después, el profesor se sentó y dijo: «En treinta años de carrera, es la primera vez que una clase comprende cómo veo mi oficio de profesor».

Algunos aseguran haberle visto enjugar una lágrima, pero Manuel no se lo cree.

De todas formas, desde aquel momento ya no tiene miedo. Afirma: «Si alguna vez me dice algo intolerable, ya sé qué debo hacer: darle las gracias. **ANTES, TENÍA LA SENSACIÓN DE QUE NO PODÍA HACER NADA**».

"¡tu turno!

▶ ¿Qué piensas de esta estrategia colectiva?

▶ Redacta una nota a la atención de un profesor que sea particularmente duro e injusto o que se comporte mal con tu clase

Nora
14 años

«¡En bañador
en Facebook!».

Historia n.º 7

Nora

14 años

«¡En bañador en Facebook!

Mi hermana, esa idiota, puso una foto de nuestras vacaciones en su Facebook y salgo con un bañador rosa pálido en el fondo, y parece que esté desnuda.

Era domingo, yo estaba haciendo los deberes tranquilamente y va y recibo un mensaje privado de Sofía, mi mejor amiga, para avisarme de lo que pasaba.

EMPECÉ a ver los comentarios bajo la foto, y no entendía qué pasaba pero todo el mundo escribía cosas tan horribles sobre mí que me dio dolor de estómago. Era como si todos se hubieran puesto de acuerdo para acabar conmigo, para arrastrarme por el barro. Algunos de mis amigos, como Sofía, habían intentado contestar para defenderme, pero era como si nadie les hiciera caso.

Mi hermana se sentía fatal por mí, quitó la foto de su página, pero era demasiado tarde, la habían compartido un montón de veces, la habían ampliado, y siempre salía yo etiquetada.

EL PROBLEMA es que no podíamos contárselo a mi madre porque no le gusta todo lo que tiene que ver con las redes sociales. Tuvimos que insistir durante dos años para tener móviles. Está

«Todos me van a mirar y se van a burlar de mí, ya lo hicieron con una chica de segundo y fue horroroso».

claro que nos habría confiscado los portátiles más o menos hasta los 25 años. Así que tuve que apañármelas sola con este asunto.

Mi hermana decía: «Lo siento, lo siento mucho», algo que no servía de nada realmente.

Yo me planteaba: «¿Cómo consigo faltar al insti mañana?». Pensaba: «Si voy, todos me van a mirar y se van a burlar de mí, ya lo hicieron con una chica de segundo y fue horroroso. Tuvo que cambiar de insti, después de intentar pasar desapercibida durante seis meses. Mientras que si no voy durante unos días, quizá acaben por pasar a otra cosa». Tenía esa esperanza.

PORQUE, para mí, lo peor que me podía pasar era encontrarme sola, sin ningún amigo con el que hablar. Sola en el comedor, en el patio. Fingiendo que estoy enviando wasaps. Porque pensaba que si todas esas personas seguían metiéndose conmigo, mis amigos se cansarían y pasarían de mí. Nadie tiene ganas de tener un amigo al que llaman todas esas cosas repugnantes.

POR ESO, FINGÍ QUE TENÍA UNA GASTROENTERITIS horrible, y me he quedado tres días en casa. No he entrado en Facebook, así no veo qué pasa, me da demasiado miedo. Si no hay nada, no quiere decir que no pueda volver a empezar, y si todavía hablan del tema, me afectará un montón. Así que en ambos casos será horrible y prefiero no saberlo.

> «Sola en el comedor, en el patio. Fingiendo que estoy enviado wasaps».

MI HERMANA DICE que nadie le ha hablado de mí durante estos tres días en el insti (aparte de mis amigos, que preguntan por mí), pero eso no me tranquiliza. Creo que cuando vuelva a aparecer por el patio, algunos se van a acordar de la foto en la playa y van a volver a los insultos.

CADA VEZ QUE PIENSO en este tema tengo náuseas y, desde esta mañana, me flaquean las piernas.

En los peores momentos, pienso en estudiar a distancia, para no tener que enfrentarme a los que quieren burlarse de mí. El resto del tiempo, intento tranquilizarme pensando que la vuelta al insti va a ir bien.

Pero si siguen con el tema, va a ser imposible.

Nunca he estado tan mal. No sé qué hacer≫.

«Cada vez que pienso en este tema, tengo náuseas y, desde esta mañana, me flaquean las piernas».

¿Cómo lo ves?

TÚ

▶ **Imagina** que estás en un pasillo muy largo y oscuro y que te persigue un fantasma. Una fantasma extremadamente aterrador, notas su aliento en la nuca y piensas que, al final, te atrapará, así que te da mucho miedo y sigues corriendo sin parar de llorar.
Ahora, imagina que dejas de correr, te das la vuelta y miras al fantasma a los ojos. **¿Qué crees que hará el fantasma?**

1- Me devora cruda
2- Me atraviesa el cuerpo y eso duele mucho
3- Me toca y me transforma en fantasma
4- Se detiene y se va, porque lo que quieren los fantasmas es que corramos delante de ellos. No les gusta que les miren a los ojos.

▶ **Cuando evitamos una situación que da miedo (por ejemplo, en la historia del fantasma, evitas darte la vuelta y continúas corriendo), ¿crees que el miedo disminuye de repente o, al contrario, aumenta?**

▶ **¿Has observado alguna vez que alguno de tus miedos no hubiera disminuido en absoluto pese a haberlo evitado?**

▶ **¿Qué aconsejarías a Nora para que empiece a dominar el miedo?**

La respuesta correcta es la n.º 4.

89

Mi consejo
▶ de psicóloga

 Lo que hace Nora en esta situación insoportable es:

▶ evitar la situación que le da más miedo (no yendo al instituto y no pensando concretamente en qué podría pasar si volviera);
▶ tranquilizarse pensando que quizá los que se burlaban ya no se acordarán del tema.

Sin embargo, según nuestra fórmula ya conocida de los 180 grados, en lugar de evitar la situación, tendrá que enfrentarse a lo que le da más miedo y tranquilizarse, si no, nunca podrá volver al instituto. Es lo que en el mundo de los adultos denominamos «fobia escolar».

Le planteé a Nora lo siguiente:
▶**1** **DECIDES QUE LO QUE TE ESPERA EN EL COLEGIO ES DEMASIADO HORRIBLE** y te informas para estudiar a distancia. Hay chicos que lo hacen. El problema es que corres un gran riesgo de perder a todos tus amigos, porque ya no estarás en contacto con ellos. Y además, como el único lugar seguro en el que los podrás ver será en tu casa, en mi opinión, enseguida se cansarán de tener que ir a ver a su

amiga «enferma» y dejarán de verlos. Entonces, tu peor pesadilla se hará realidad: estarás sola, encerrada en tu habitación, sin ninguna vida social. Además, te sentirás probablemente un poco inútil al no haber intentado siquiera pelear. Hay un dicho que reza: «Las heridas más dolorosas son las de las batallas que no se han librado». Pero no tendrás que enfrentarte al horror de lo que te espera en el patio. Y eso es verdad que es un elemento de peso.

2 O BIEN TE PREPARAS MENTALMENTE PARA EL COMBATE que tendrá lugar cuando vuelvas al colegio y, así, si hay enfrentamiento, lo que es más que probable, estarás preparada. Pero esta batalla no será fácil para ti, porque tendrás que mirar a tu fantasma a la cara.

Siempre es un ejercicio muy incómodo. Es como si te zambulleras en agua helada. Yo puedo acompañarte para recorrer el segundo camino, si quieres. Pero el agua seguirá estando helada. Y yo he prestado toda mi ropa para protegerse del frío.

Nora reflexionó un momento y, después, me dijo: **«VALE, INDÍCAME CÓMO DEBO ACTUAR Y TE DIRÉ SI ME SIENTO CAPAZ DE HACERLO».**

ENTONCES, LE PEDÍ QUE PENSARA EN LA ESCENA SIGUIENTE:
Imaginemos que mañana vas al colegio y que ves de lejos un pequeño grupo de chicos de tercero que conoces de vista

pero con los que no has hablado nunca. Suponte que empiezan a burlarse de ti entre ellos, en el momento en el que te ven, y que se acercan a ti y dicen cosas como: «Anda, la cerda que está en bolas en Facebook. ¿Vendes tus fotos porno, o son gratis?».

Nora se cubrió los ojos con las manos y dijo: «Es demasiado horrible».

Le dije: **SIGNIFICA QUE HEMOS ENCONTRADO EL FANTASMA ADECUADO, EL QUE TE DA MÁS MIEDO.**

Sigamos, porque debemos mirarlo realmente a los ojos para que te libres de las náuseas y del temblor de piernas. Imagínate que le dices: «De momento la foto es gratis, pero la peli que estoy rodando, no. Pero vuestras mamás no os dejarán verla, sois demasiado pequeños» y, después, te vas sonriendo. ¿Qué podrían decir?

Podrían contestar: «Ah, entonces, es verdad que eres una p...», y tú sigues respondiendo, por encima del hombro: «Eres demasiado pequeño para hablar de eso, cariño, vete a merendar con tu mami» **O BIEN** «Empieza por cuidarte ese acné tan horrible, después hablamos» por ejemplo, haciéndote la dura, ¿qué podrían decirte?

«Se quedarían un poco bloqueados —me contestó Nora—. Pero va a ser difícil decirles eso, porque soy un poco tímida».

Puedes elegir. Siempre tienes la opción de estudiar a distancia, le respondí yo.

DEJO QUE REFLEXIONES SOBRE TU FLECHA POTEN-CIAL DURANTE UNA SEMANA para que veas si ves posible lanzarla, si alguna vez te vienen a hablar de la foto.

Si es demasiado duro, entonces, tendremos que explicar a tus padres lo que ocurre para que elijáis juntos qué otra solución podríais emplear».

Al final, nadie volvió a hablar a Nora sobre la foto, pero ella estaba preparada por si algún día se daba la situación.

ESO, EVIDENTEMENTE, LO CAMBIÓ TODO.

▶ ¿Has tenido algún problema en las redes sociales?

▶ ¿Cómo lo has resuelto?

▶ ¿Cómo podría contestar Nora en la vida real si surgieran otros insultos?

▶ ¿Y en Facebook?

Yared
13 años

«Me llaman terrorista».

Historia n.º 8

Yared

13 años

«Me llaman terrorista.

No me resultó nada fácil llegar al colegio nuevo. Había tres chicos de mi clase que me insultaban, me llamaban moro o hacían sonidos de mono cuando pasaba por delante de ellos, pero yo había conseguido hablar con un montón de gente de mi clase y empezaba a sentirme más o menos bien. Pero desde los atentados de Barcelona, la situación es realmente horrible.

Cada vez que me ven, me siguen y me empujan hasta una esquina del pasillo. Me llaman terrorista, me preguntan si el Daesh me paga los estudios, dicen que no me quitan el ojo de encima y que no tengo derecho a hablar con nadie, que si lo hago, me matan. Dicen: «De todas formas, nadie tiene ganas de hablar con un mono». Confieso que por eso ahora no hablo con casi nadie. Me dan miedo.

YO LES CONTESTO siempre que se equivocan, que yo no soy integrista, sino musulmán y que, en mi familia, todos estamos en contra del terrorismo, pero ellos no quieren oír nada y

«Me llamaban moraco o hacían sonidos de mono cuando pasaba por delante de ellos».

responden que eso es lo que dicen todos los jihadistas. El otro día, consiguieron acorralarme en los lavabos y luego, intentaron meterme la cabeza en el wáter tres veces, como si quisieran ahogarme. Me resistí, pero llegué al límite.

SIN DECÍRSELO A MIS PADRES (imagino la cara de mi padre si se entera de que me llaman terrorista), fui a ver al jefe de estudios (no le conté lo del lavabo porque seguramente los habrían expulsado directamente). Él convocó de inmediato a los tres chicos diciéndoles que si alguna vez volvían a hacer algo así, los echaría una semana del centro. Les dijo: «De momento, no aviso a vuestros padres, pero os advierto que lo haré si Yared se vuelve a quejar». También les pidió que se disculparan conmigo, advirtiéndoles que iba a pedir a todos los tutores de tercero que recordaran las reglas básicas de la convivencia. Los tres se disculparon. Les creí porque el último dijo: «Lo siento, Yared, no me daba cuenta de que esto te afectaba tanto», y yo, idiota de mí, pensé que quizá nos haríamos amigos.

COMPRENDÍ MI ERROR al día siguiente porque me volvieron a acorralar en una esquina y me dijeron «Aunque algunos estén ciegos, no vas a poder imponer tu ley aquí, terrorista de mierda. Te vamos a recordar todos los días que te estamos vigilando. Y si nos castigan a alguno de nosotros por ti, habrá represalias rapidito. Además, nuestros padres están de acuerdo, o sea que eso no supone ningún riesgo en absoluto para nosotros. A fin de cuentas, es a ti al que van a expulsar».

> «Cada vez tengo más miedo en el colegio».

CADA VEZ TENGO MÁS MIEDO en el colegio (intento salir lo más tarde posible para no cruzarme con ellos, me escondo en los lavabos durante casi todos los recreos y sobre todo no hablo con nadie para no provocarlos) pero ahora, además, tengo miedo a la salida y siempre miro si hay alguien detrás de mí cuando subo en el bus.

Creo que voy a pedir que me cambien de colegio **>>**.

¿Cómo lo ves?

▶ **¿Por qué** crees que la situación para Yared es aún peor desde los atentados yihadistas?

▶ Haz el esquema de la estrategia de los 180 grados: ¿qué ha hecho Yared hasta ahora que no ha funcionado?

▶ Ahora que ya eres un profesional de la estrategia del boomerang, ¿tienes alguna que puedas proponerle a Yared?

Mi consejo ▶ de psicóloga

 Como en el caso del profe de mates comentado anteriormente, nos encontramos con un tema realmente difícil, porque el ataque es violento y, por desgracia, hará falta responder de forma proporcionada. O bien cambiar de colegio, pero sería el colmo que fuera él quien se tuviera que ir. Además, si se produjeran ataques de ese tipo en otro centro escolar, seguiría sin saber defenderse.

De momento, Yared ha optado por convencerlos de que él no tiene nada que ver con el terrorismo, que lo que dicen es falso y racista y que están

metiéndolos a todos en el mismo saco, cosa que es totalmente cierta. Pero parece que eso lo único que hace es provocar aún más a sus tres "colegas".

POR LO TANTO, SERÁ NECESARIO HACER EXACTAMENTE LO CONTRARIO, DE LA FORMA MÁS ESTRATÉGICA POSIBLE. Le hago ver a Yared que, sin duda, lo que más les irrita es que él les explique su punto de vista de forma razonable y argumentada, mientras que está claro que ellos no pueden oír ese discurso porque creen férreamente todo lo contrario y no salen de ahí. Tenemos que encontrar un medio para que ellos lo pasen muy mal desde el momento en que quieran expresar sus ideas.

LO QUE TAMBIÉN HABÍA HECHO YARED, PARA CALMAR LA VIOLENCIA DE SUS COMPAÑEROS, FUE AISLARSE Y NO HABLAR CON NADIE.

1 Para empezar, le propongo hacer exactamente lo contrario de lo que sus acosadores le ordenan, es decir, acercarse a gente con la que hablaba al principio del año y contarles lo que ocurría, y también lo que él había pensado hacer para detener el bullying, y **APAÑÁRSELAS PARA NO ESTAR SOLO EN LA MEDIDA DE LO POSIBLE.**

2 Además, como la cuadrilla de los tres se acercará y le llamará terrorista cuando haya gente, le sugiero que responda, alto y fuerte: «Soy terrorista y además caníbal, sabes, como todos los negros. ¡Mucho cuidado! A ver si me comeré esa lengua de quesito blanco que tienes». Yared sonríe y me dice: «Me gusta. Y lo mejor, sabes qué sería, que sucediera delante de las dos chicas con las que no dejan de hacerse los gallitos».

Lo que ocurrió cuando él llevó a cabo su plan fue bastante divertido: los tres chicos fueron a quejarse al jefe de estudios, que llamó a Yared para que fuera a hablar con él. Le preguntó si era cierto que había hecho amenazas caníbales a sus compañeros.

YARED PUSO CARA DE INDIGNACIÓN, DIJO QUE SUS AGRESORES YA NO SABÍAN QUÉ INVENTAR PARA ACOSARLO y que no había oído nunca nada tan racista en toda su vida. Antes de salir del despacho del jefe de estudios, hizo un ruido discreto con los dientes cerca de las orejas de uno de los tres diciendo: «Me comería encantado tu oreja, blanquito». A partir de aquel momento, ya no se han metido más con él.

¡tu turno!

▸ **¿Crees que lo que hizo Yared fue demasiado fuerte?**

▸ **¿Qué otras posibilidades habría tenido?**

▸ **Y tú, si tú fueras víctima de comentarios racistas, ¿cómo actuarías para defenderte?**

Julia
14 años

«Suspendo todos
los exámenes».

Historia n.º 9

Julia

14 años

«Suspendo todos los exámenes.

Es realmente deprimente. Estudio como mínimo el doble que todas mis amigas pero suspendo casi todos los exámenes. Los deberes para hacer en casa van más o menos bien, aunque mi padre me ayuda mucho, pero en los controles que hacemos en clase, me pongo delante del folio y todo lo que he aprendido de memoria se convierte en un agujero negro, en una especie de cortina que me cae delante de los ojos y es como si ya no supiera nada. ¡Es horrible! Me dieron las notas de los exámenes trimestrales: todo suspendido, después de haber trabajado como una loca. Saqué un 2 en mates, y eso que me había aprendido todas las definiciones y había hecho todos los ejercicios de esos capítulos con mi padre. Al final era él quien los hacía delante de mí, porque yo no podía más. Y había algunos que solo los hacía si él me iba guiando porque a mí no me salían, pero al menos eso me servía para estudiar.

ESTOY HARTA de estas notas. Había hecho fichas para todas las asignaturas, las tenía delante

> «Estudio como mínimo el doble que todas mis amigas pero suspendo casi todos los exámenes».

justo antes de los exámenes, las releí hasta el último minuto para estar segura de tenerlo todo en la cabeza, pero no funcionó.

SIEMPRE ESE AGUJERO NEGRO. Entonces, intento respirar hondo para tranquilizarme, pero el agujero sigue ahí. Escribo cosas que se me han quedado en la cabeza, aunque me parezca que no es exactamente la pregunta que me han hecho. Pienso: «Ya que he trabajado como una loca, al menos voy a escribir algo. Si entrego la hoja en blanco, creerán que no he hecho nada, mientras que así, al menos, los profes verán que me he aprendido las lecciones».

ME PREOCUPA MUCHO cómo va a seguir esto, y dentro de dos años vendrán las pruebas de bachillerato. Siento que va a ser horroroso. Mis amigas me dicen: «Pero Julia, si ya tienes las fichas hechas desde principios de año, no tienes más que volverlas a leer para sabértelas, es genial». Pero es que eso no funciona. Olvido todo lo que escribo en esas fichas, no sirve de nada, estoy superdesanimada.

> «Siempre ese agujero negro».

MIS PADRES DICEN que estudio demasiado, que me tengo que relajar. Durante las vacaciones de pascua, mi madre me confiscó las cosas de clase, pero eso me estresó aún más y me levantaba por la noche para estudiar a escondidas. Pensaba que no me esforzaba lo suficiente, que tenía que encontrar un medio de meterme en la cabeza esas malditas definiciones.

Ahora mismo, el único momento en el que estoy bien es cuando hago danza. Allí me siento en paz, incluso durante el festival de fin de curso. Me pongo un pelín nerviosa, pero nada que ver como cuando tengo exámenes≫.

¿Cómo lo ves?

▶ **¿Por qué crees que Julia se siente bien en danza, incluso durante el festival de fin de curso, y no cuando hace un examen?**

▶ **Te contaré una historia:** Había una vez una ciempiés que paseaba por el bosque y que se cruzó con un caracol, que le dijo: «Hace tiempo que me pregunto cómo consigues andar con mil patas y no tropezarte nunca con tus propios pies». Entonces, la ciempiés se pone a reflexionar y, de repente, ya no consigue andar. Como si se hubiera quedado bloqueada. Se queda así una hora paralizada, y, después, pasa un guapo ciempiés por delante de ella y ella vuelve a andar. **¿Te parece que esta historia recuerda un poco a la de Julia? ¿Por qué?**

▶ **Haz el esquema estratégico para ver qué hace Julia que agrava el problema.**

▶ **¿Qué estrategia le aconsejarías para sus próximos exámenes?**

Mi consejo
▶ de psicóloga

 Al contrario de lo que ocurre en los otros ejemplos, en este caso, Julia debe encontrar una forma de protegerse de ella misma.

Es una situación que podríamos calificar de autobullying. Tenemos la impresión de que, cuanto más estudia Julia, peores notas saca, algo muy injusto. Es comprensible que esté harta y que busque una solución para estresarse menos y dejar de tener malas notas. Le pregunté si se aprendía de memoria sus pasos de danza antes del festival para estar segura de no quedarse bloqueada y arruinar todo el espectáculo, y me respondió: «No, no es necesario, los pasos vienen solos, de forma natural...».

LE EXPLICO QUE EL PROBLEMA CON SUS LECCIONES ES QUE INTENTA HACERLAS ENTRAR POR LA FUERZA, AL CONTRARIO DE LO QUE HACE CON LOS PASOS DE DANZA. ¿Resultado? No funciona, sobre todo porque todos esos datos, como las definiciones de mates o los ejercicios tipo no significan nada para Julia, su cerebro los rechaza al cabo de un momento. Como si dijera: «¿Por qué se quedan estancadas en el cerebro estas cosas que no quieren decir nada y que me dan dolor de cabeza? Prefiero guardar este sitio para los pasos de danza». Y en el momento en el que lo necesita (durante los exámenes), ya no tiene ahí la información.

LE DIGO QUE INTENTAREMOS SER MÁS AMABLES CON SU CEREBRO PARA QUE ÉL TAMBIÉN LO SEA CON ELLA EN LOS MOMENTOS IMPORTANTES.

«Para los próximos exámenes —le digo— estas son las dos nuevas reglas que tienes que aplicar rigurosamente aunque te resulten difíciles de respetar; porque, si sigues actuando como hasta ahora, suspenderás la ESO y el bachillerato. Y tu deseo de ser juez estará en peligro. Pero siempre tienes la opción de continuar como durante los últimos años si estas dos reglas te resultan imposibles de adoptar.

Si quieres poner fin a este círculo vicioso, estas son mis sugerencias:

1 Prohibido memorizar nada que no hayas comprendido del todo. Si no lo entiendes, no puedes aprenderlo, porque se almacenan datos inútiles en tu disco duro interno.

2 Prohibido recibir la ayuda de tu padre durante los próximos quince días. Tienes que prepararlo todo tú sola respetando bien la primera regla. Y veremos qué ocurre.

PASARÁS DOS SEMANAS HORRIBLES, PERO ES EL PRE-CIO QUE HAY QUE PAGAR PARA QUE TU CEREBRO SE RE-CUPERE».

Julia sacó un 7 en mates por primera vez en su vida. Para preparar sus exámenes, empezó por tirar todas sus fichas. En el siguiente libro, te contaré cómo le fue el bachillerato.

► ¿Crees que, en alguna ocasión, igual que Julia, tú has sido tu propio enemigo?

► ¿Qué hiciste para resolver tu problema?

► ¿Qué le podrías sugerir a Julia para seguir con su aprendizaje?

Luis
12 años

«¡Todo el mundo
prefiere a
mi hermana!»

Historia n.º 10

Luis

12 años

«¡Todo el mundo prefiere a mi hermana!

Tengo la mala suerte de tener una hermana pequeña de 9 años que todo el mundo encuentra muy mona y muy inteligente. Y además es muy simpática, y eso es lo peor, porque imaginemos que tiene un hermano que no la aguanta, entonces, eso significaría que ese hermano es simplemente un monstruo. Y ese soy yo.

«¿Cómo es posible no querer a Caroliiiiiiiiiina?», como diría mi abuela.

ES CONTINUO. Cuando hace cualquier cosa, un dibujo, una canción, un comentario, todo el mundo está encantado, solo les falta aplaudir. Pero por otra parte,

es verdad que suele ser divertida y creativa. Ese es el problema.

LO PEOR es que mi madre se esfuerza un montón para que yo no me sienta ofendido (porque ha decidido que yo soy hipersensible). Por eso, cuando ella u otra persona hace un cumplido a Carolina (o sea, varias veces durante el fin de semana porque la familia de mi madre viene casi todos los domingos a casa), ella intenta encontrar algo positivo respecto a mí desesperadamente, pero casi siempre sale mal, porque está claro que no hay material suficiente. Es bastante horrible, la verdad, para ella y para mí. En esos casos, me levanto y me voy a mi habitación a jugar con videojuegos y doy un portazo. Y sé que todo el mundo piensa: «¡Qué desagradable! En cambio, su hermana es taaaaaaan adorable». Lo mismo cuando mi madre y ella vuelven de hacer la compra, y dice: «Carolina se ha acordado de ti y te ha comprado tus yogures preferidos y también chocolate al caramelo». Y me pone de los nervios, este lado adorable, ¡no te lo puedes ni imaginar! Entonces digo: «No he pedido nada». Mi madre alza la mirada al cielo, Carolina pone cara triste y yo tengo ganas de gritar, así que subo a mi habitación.

ES DIFÍCIL porque no tengo ganas de ser amable con Carolina, la verdad es que me irrita, y además ya hay bastante gente que la adora, pero, al mismo tiempo, ella hace de todo

> «Mi madre se esfuerza un montón para que yo no me sienta ofendido».

para complacerme porque me quiere mucho. A veces, me trae una merienda que ha hecho ella (con el famoso chocolate al caramelo) o me compra un regalo con el dinero que le dan mis padres para ella todas las semanas. Hay una parte de mí que tiene ganas de darle las gracias, y otra que dice: «Déjame tranquilo, vale, y para de hacerte la santa, no te aguanto». Y cada vez más, es la segunda la que habla. Entonces, ella, con lágrimas en los ojos, va a ver a mi madre, que la consuela, y yo me siento solo y un inútil en mi habitación. Creo que soy realmente un monstruo por estar siempre así de furioso.

A VECES, mi madre viene a verme y me dice: «Cuéntame qué te pasa, Luis. Sabes, pones muy triste a tu hermana, que lo ha hecho todo para que estés contento». Entonces, yo respondo: «Ya estoy harto de ser el hermano de Carolina. Realmente, es la preferida de todo el mundo, es superinjusto».

Ella contesta: «Pero, a ver, Luis, yo os trato igual a los dos: cuando compro algo a Carolina, te compro algo a ti también. Siempre intento ser lo más justa posible».

Es verdad, entonces, yo digo: «No hablo de injusticias materiales».

Ella me dice: «Dame ejemplos de injusticias».

Yo le contesto que es difícil de describir porque es algo que pasa constantemente. Todo el mundo adora a Carolina. Se trata más de una situación que de hechos concretos.

> «Todo el mundo adora a Carolina. Se trata más de una situación que de hechos concretos».

Ella contesta: «Yo también te adoro a ti». Y yo pienso mentalmente: «Sí, pero menos que a Carolina». Y rechazo sus abrazos, aunque sepa que me voy a arrepentir después.

Me gustaría saber si ir a un internado sería una solución **»**.

¿Cómo lo ves?

▶ **¿A veces tienes la sensación de estar dividido en dos, como si una parte de ti, racional, te dijera cómo actuar y otra, un poco más conectada con lo que sientes muy en el fondo, diera otra solución? Explícalo.**

▶ **Al final, ¿cuál crees que es la parte que suele ganar?**

(De hecho, lo paradójico es que normalmente gana la parte emocional: cuanto más intentamos controlar las emociones con la parte racional, se hacen más intensas y difíciles de dominar.)

▶ **¿Crees que se puede detestar lo que hace una persona y, al mismo tiempo, quererla?**

(Sí. No tiene nada que ver. No hay que confundir el comportamiento con la persona. Es un error lógico, es decir, relacionado con la parte racional. A veces, alguien a quien quieres mucho hace cosas que tú no soportas.)

▶ **¿Qué aconsejarías a Luis para que no sufra tanto?**

Mi consejo
▶ de psicóloga

 Igual que en el caso de Julia, es el propio comportamiento de Luis lo que hace que lo pase mal, y, de momento, no se le ocurre qué otra cosa podría hacer.

Le digo que no me gustaría estar en su lugar, la verdad, porque vivir con una santa está claro que es muy difícil. Nadie se da cuenta de lo horrible que es la situación (hay que vivirla para comprenderla) y, para colmo, se siente culpable de no querer a la santa como todo el mundo. Es como si lo castigaran dos veces.

Al mirar el esquema sintético, veo que Luis actúa de dos formas que no funcionan en absoluto para atenuar su sufrimiento:

▶ **CUANDO SE EMPIEZA A ENFADAR, INTENTA EVITARLO** diciéndose que tiene que ser más simpático, que todo el mundo lo encuentra desagradable. Creo que eso no es bueno, porque cuanto más controlamos el enfado, más nos irritamos.

▶ **ÉL DEJA A SU HERMANA TODO EL ESPACIO PARA LA SANTIDAD,** adoptando el papel de un Luis malo y desagradable... Resultado: ella es cada vez más santa y él, cada vez más infeliz.

POR ESO, LE PROPUSE ACTUAR EN DOS ETAPAS:

1 Todas las tardes tenía que escribir en una hoja de papel con la mayor discreción una carta de enfado a su hermana, a sus padres, a sus abuelos, en definitiva, a todas las personas que rinden culto a la santa. En esas cartas, que tenía que dirigir obligatoriamente a alguien, poniendo su nombre, tenía que escribir toda su rabia sin contenerse en absoluto (incluso podía poner palabrotas), todo lo que le hiciera enfadar de la actitud de esas personas.

DEBÍA HACER ESE EJERCICIO TODOS LOS DÍAS SIN RELEER LAS CARTAS DEL DÍA ANTERIOR, y al final sentiría que en el fondo ya no estaba tan enfadado.

Si quería, se podía escribir una carta a él mismo porque yo tenía la impresión de que, a veces, estaba un poco enfadado consigo mismo. Al final, las quemaría en un sitio secreto para que nadie las pudiera leer nunca.

2 Una vez quemadas las cartas de enfado, podría poner en marcha (sin decírselo a nadie) la «semana de san Luis»: **DURANTE UNA SEMANA, SE IBA A COMPORTAR COMO SI FUERA UN SANTO** para que Carolina se diera un poco de cuenta del calvario que él vivía todos los días. Tenía que observar qué pasaba, para ver si se sentía cómodo o le suponía demasiado esfuerzo.

Quince días después, Luis se convirtió en un santo, después de escribir diez cartas de enfado, tres de ellas contra sí mismo. Fue un santo exactamente durante diez días.

DE LA DOCENA DE POSIBILIDADES QUE HABÍAMOS CO-MENTADO JUNTOS, ÉL HABÍA SELECCIONADO LAS SI-GUIENTES:

▶ Llevar caramelos a Carolina (ella le preguntó si se encontraba bien cuando se los dio sonriendo como un santo).

▶ Decir a su madre: «Sabes, cuando veo a las madres de mis amigos, pienso que realmente tengo mucha suerte» (fórmula universalmente reconocida por sus virtudes inmediatas para ablandar a alguien. Como la madre de Luis no estaba muy acostumbrada a ese tipo de comentarios, le puso la mano en la frente para ver si tenía fiebre mientras él sonreía con cara de ángel).

▶ Decir a Carolina: «Cada día estás más guapa». (Ella le preguntó si necesitaba dinero y él dijo que no mirando al cielo como hacen los santos).

▶ Vaciar el lavavajillas antes de que se lo pidiera su madre y, sobre todo, antes de que lo vaciara Carolina.

▶ Llevar las bolsas de la compra de su madre adelantándose a Carolina y diciendo: «Yo me encargo». (En este punto, Carolina no dijo nada, seguramente empezaba a acostumbrarse).

«BUF, ESTO ES AGOTADOR —me dijo la última vez que nos vimos— pero estoy contento, soy capaz de hacerlo. Si alguna vez vuelve a ser demasiado duro, volveré a hacer una pequeña cura de santidad. Porque, sabes, durante dos días volví a dar abrazos a mi madre, y es genial».

"¡tu turno!

▶ ¿Has intentado escribir cuando querías deshacerte de tu enfado o de una decepción? ¿Funcionó?

▶ ¿Qué habrías hecho en lugar de Luis?

Susana

11 años

«Catalina ya no me quiere».

Historia n.º 11

Susana

11 años

«Catalina ya no me quiere.

Yo siempre he sido la primera de la lista de las mejores amigas de Catalina. Y para mí, ella también era la número uno. Nos conocemos desde P5 y siempre lo hemos hecho todo juntas. Cuando nos separábamos para las vacaciones de verano, me dolía la barriga y a ella también al menos durante tres días, y nos escribíamos cartas mínimo dos veces por semana. Lo compartíamos todo, la ropa, los juguetes, los libros. Nos lo contábamos todo: ella me hablaba del divorcio de sus padres y de su madrastra, la bruja; y yo, de mi hermano mayor, que es un pesado, y de mis padres que discuten a gritos. Pensábamos igual en todo, nunca nos peleábamos, éramos como hermanas. Cuando teníamos nueve años, mezclamos nuestras sangres diciendo una fórmula mágica que une para toda la vida. Si alguien me atacaba alguna vez, ella era capaz de morderle; y si alguien se metía con ella, yo podía retorcerle el cuello hasta la muerte. Eso ponía un poco nerviosas a nuestras madres, que decían: «Están un poco demasiado unidas, eh...». A nosotras nos encantaba nuestra unión. Hasta los once años.

> «Me quedé una semana en la cama porque no podía levantarme».

CUANDO PIENSO EN ESO, no puedo evitar llorar. Fuimos a ver al director las dos para que nos pusiera en la misma clase, y lo hizo. Estábamos tan contentas cuando oímos nuestros apellidos en la misma lista en el patio del cole. Pero en aquella lista también estaba Úrsula. No me gusta. No es como Catalina y yo. Además es muy guapa, muy rica, sus padres tienen varias casas, y empezó a invitar a Catalina durante las vacaciones de pascua. Le dije a Catalina: «Me duele que te vayas de vacaciones con ella; ya es bastante duro estar separadas una semana, pero además harás un montón de cosas con Úrsula y no conmigo». Catalina me dio un abrazo y me dijo: «Pero no te preocupes, Susi, Úrsula es solamente una amiga, y tú eres mi mejor amiga para siempre. Además, la verdad, si fueras más simpática con ella, quizá te habría invitado, pero, como dice ella: "No voy a invitar a alguien que siempre me mira con mala cara". ¿Qué otra cosa puedo hacer aparte de enfa-

darme? Una rica heredera me roba a mi mejor amiga sin que yo pueda hacer nada, ¿y encima yo tendría que estar en plan feliz de la vida? Intenté poner buena cara, pero no lo conseguí. Al volver de vacaciones, ellas dos tenían un montón de recuerdos en común, Úrsula no paraba de comentarle cosas al oído y se reía como una tonta. Cada vez que lo hacía, era como una puñalada en el corazón, tenía ganas de morirme.

ENTONCES, UNA TARDE, dije a Catalina: «A ver, o ella o yo. Esto no puede seguir así». Yo creía que ella me contestaría: «Perdona, Susi, no pensaba que sufrieras tanto, evidentemente que te elijo a ti», pero me dijo: «No me pidas que elija, Susi, yo os quiero a las dos, por razones distintas. Pero tú eres demasiado posesiva, no te pertenezco, ¿entiendes?». Comprendí que se había acabado, Susi y Cati, Cati y Susi. Que nunca sería como antes... Entonces, me fui corriendo. Me quedé una semana en la cama porque no podía levantarme; de verdad, no podía levantarme.

DESPUÉS VOLVÍ AL COLEGIO a los quince días. Ya no me hablo con Catalina y Úrsula. Pero lloro por cualquier cosa, todo me hace saltar las lágrimas. Intento contenerme, de verdad, pero no funciona, se me caen las lágrimas sin poder controlarlas. Cuando me pasa en clase, pido permiso para ir al lavabo. Me gustaría dejar de llorar, es patético, y si ellas me vieran pensarían que soy idiota. Pero tengo la impresión de que mis lágrimas cada vez son más incontrolables, más intensas. Es una sensación horrible**≫**.

¿Cómo lo ves?

▶ **¿Has sentido** alguna vez por alguien algo tan fuerte como lo que siente Susana por Catalina?

▶ ¿Te parece lógico que esté tan triste, o piensas que es exagerado?

▶ ¿Crees que Susana hace bien al intentar no llorar?

▶ Según el esquema estratégico, ¿qué aconsejarías a Susana para que dominara sus lágrimas?

Mi consejo
▶ de psicóloga

 **Susana está viviendo
un mal de amistad.**

No se suele hablar mucho de este tema. Los adultos hablan normalmente del mal de amores, pero la amistad también puede hacer mucho daño. En este caso, parece que Susana, además de ver cómo acaba su relación única con Catalina, también **DEBE DECIR ADIÓS ABRUPTAMENTE A SU INFANCIA, CUANDO NORMALMENTE ESTE PROCESO ES MÁS PROGRESIVO.** Es como si, a causa de lo que le contestó Catalina, ella se hubiera dado cuenta de que nada volverá a ser como antes. Por lo tanto, es realmente lógico que llore mucho. Lo raro sería que no lo hiciera.

El problema con la tristeza, igual que con la ira o el miedo, es que cuanto más intentamos controlarla, meterla en una jaula o negarla, más crece, como si fuera un tsunami que no se detuviera ante nada.

Eso es precisamente lo que está viviendo Susana: sus intentos de controlar su tristeza y disminuir sus lágrimas hacen que aumenten cada vez más.

Primero, le dije que la encontraba muy valiente y muy inteligente por renunciar a pelear para ser la única mejor

amiga de Catalina, porque si lo hubiera intentado única-
mente habría conseguido recibir golpes. Pero también le se-
ñalé que **DEBÍA SER UN POCO MÁS AMABLE CON SU DO-
LOR,** porque era un dolor normal y útil.

Así pues le aconsejé un ejercicio muy difícil de hacer que
se denomina «museo de los recuerdos».

Se trata de lo siguiente:

▶ «Escoge cinco imágenes que creas que son las más re-
presentativas de lo magnífica que ha sido esta historia de
amistad. **PONTE LO MÁS CÓMODAMENTE POSIBLE EN EL
LUGAR EN EL QUE TE SIENTAS MÁS SEGURA EN CASA** y
avisa que no te molesten bajo ningún concepto, salvo si cae
una bomba atómica, ¡y ni eso! Pon una alarma para que sue-
ne al cabo de media hora y, hasta ese momento, contempla
esas cinco imágenes como si las miraras en un museo, pi-
diendo a tus lágrimas que caigan, porque esos momentos no
volverán a existir y, por lo tanto, es normal que eso te haga
llorar.

¿Ves la diferencia? Eres tú quien pide que vengan las lágrimas en el momento que tú has decidido, como hace un
pararrayos con un rayo: lo canaliza hacia un lugar que no
provoque daños en la casa.

**DEBES HACER ESTE EJERCICIO ENTRE DIEZ Y QUINCE
DÍAS».**

Susana me contestó: «Pero creo que, si lo hago, las lágrimas me van a ahogar, no podré volverme a levantar».

Al contrario, Susana —le contesté yo—, si sigues queriendo controlar las lágrimas, acabarán siendo tan fuertes que te harán caer. **O LAS ACEPTAS, O TE AHOGAN».**

Ahora, Susana llora mucho menos. Sin embargo, siempre llevará en el corazón el dolor que le causó la pérdida de esa amistad.

▶ **¿Por qué crees que Susana no optó por tener dos amigas en lugar de una amiga exclusiva?**

▶ **¿Qué habrías hecho tú en lugar de Susana?**

Sandra
12 años

«Me llaman
marimacho».

Historia n.º 12

Sandra

12 años

«Me llaman marimacho.

No me gustan las cosas de chicas. A mí lo que me gusta es el pelo corto, los vaqueros y las camisetas con cuello redondo y las Converse o, si no, botas. Yo no siento que sea agresiva ni ofensiva con este aspecto, pero es evidente que pone de los nervios a bastante gente.

De hecho, al menos dos o tres veces al día, hay personas, sobre todo chicos, que me gritan en el patio o en la calle: «¿Eres una chica o un chico?», o me dicen: «¡Menuda marimacho!», o, peor: «¿También te vendas las tetas? Es una pena», y después se echan a reír.

Por no hablar de mi abuela, que cada dos por tres me dice: «Es una pena que no seas más femenina, con lo bonita que eres», el tipo de frase que más odio. Pero bueno, es mi abuela, ella es mayor y todo eso, o sea que le digo: «Gracias, abuelita».

EN LA CALLE finjo que no lo oigo. Pero en el colegio es más difícil porque hay uno que no me deja en paz. Se llama Daniel,

«Pero en el colegio es más difícil, porque hay uno que no me deja en paz».

está en el mismo curso que yo y, en cuanto me ve en la pausa, viene corriendo hacia mí y grita: «¿Eres una chica o un chico, una chica o un chico, una chica o un chico?», saltando a mi lado, y todo el mundo se ríe. Yo le contesto: «Déjame en paz, idiota». Pero él sigue.

Mi amiga Mónica le echa bronca: «Déjala en paz, ella no te ha dicho nada a ti, ¿qué problema tienes?».

Y él responde: «No tengo ningún problema, solo tengo una pregunta: ¿es una chica o un chico? Es importante saberlo, ¿no?».

LA SEMANA PASADA se giró hacia todo el patio y dijo: «A ver, se aceptan apuestas, ¿es una chica o un chico?», y después me susurró a la oreja: «Venga, va, ¡una pista!», y luego intentó levantarme la camiseta. Me fui corriendo y, mientras corría, los oía reír a todos y pensaba: «No me dejará nunca en paz, pero ¿qué he hecho yo para que se cebe conmigo de esta manera?».

Mónica está de acuerdo conmigo: si yo llevara falda (algo imposible, eh, eso es solamente la teoría), sería aún peor,

¿eres una chica?
¿o un chico?
¿eres una chica?
HASTA EL GORRO
¿o un chico?

> **«No hagas caso, son tonterías».**

estoy segura. Creo que me diría que soy un travesti.

SI LO COMENTARA durante las horas de tutoría, me dirían: «No hagas caso, son tonterías, ya se cansará de hacerlo». Si le dijeran que parara, él respondería: «Yo no he dicho nada insultante, solamente le he preguntado si era una chica o un chico». Y creo que ellos estarán de acuerdo con él.

LO QUE ME GUSTARÍA es que me dejara tranquila porque, la verdad, salir al patio siempre con un nudo en el estómago pensando que va a volver a montar el numerito, que todo el mundo me va a mirar burlándose de mí, es realmente agotador».

¿Cómo lo ves?

▶ ¿Has visto a alguien
que haga reír a los demás
burlándose de otra persona?
¿Por qué crees que la gran
mayoría también se ríe?

▶ ¿Crees que Sandra y
Mónica tienen razón al
pensar que, si Sandra se
pusiera una falda tampoco
resolvería el problema?
¿Por qué?

▶ Si Sandra te hubiera
preguntado «¿Qué he hecho
yo para que se cebe conmigo
de esta manera?», ¿qué le
habrías respondido?

▶ De hecho, lo que dice
Daniel no es un insulto,
¿crees que también se trata
de bullying?

▶ ¿Cómo es posible que
cuando Mónica defiende a
Sandra no puede parar los
pies a Daniel?

Mi consejo
▶ de psicóloga

 Aunque de hecho el insulto aquí es menos evidente que en las otras situaciones que hemos presentado en este libro, también es una situación muy violenta, porque es como si Sandra no tuviera derecho a vivir a su manera.

Y eso duele. Además, es todos los días y, aunque no lo digan con mala intención, también hay personas de su entorno que le reprochan su estilo, su personalidad. **ES COMO SI LE VINIERAN GOLPES QUE TODAS PARTES.**

Pero lo que más hace sufrir a Sandra es el numerito de Daniel. Cuando me preguntó: «¿Por qué continúa, por qué se ceba conmigo?», le contesté: «Bueno, simplemente porque no hay ninguna consecuencia negativa para él cuando continúa, aparte de un impreciso "déjala en paz" de parte de Mónica y de un débil "déjame en paz" de tu parte.

Son inconvenientes muy pequeños, comparados con el placer mal disimulado que obtiene al hacerse el listo para que todo el mundo se ría a tu costa en el patio. **POR LO TANTO, HAY QUE CAMBIAR EL PROTAGONISTA DEL NUMERITO».**

Sandra y yo construimos el siguiente plan de ataque: «Pondrás al corriente a todos tus compañeros de lo que te voy a proponer y te las arreglarás para que estén presentes el máximo número de ellos en el momento en el que lances la flecha. Cuando él se ponga a saltar a tu lado para gritar su pregunta, tú le tiras la flecha mirándolo fijamente a los ojos: "Sí, soy un chico. ¿Quieres comprobarlo?"».

Sandra me contestó, alarmada: «Pero ¿y si dice que sí?

«Bueno, pues le dices: "Son 200 euros. Dámelos y podrás mirar". ¿Qué crees que hará él?».

«Se quedará con cara de idiota. No creo que me siga el rollo. Si lo hace, quedará en ridículo. Además, si viene y me da 200 euros, le diré: "Sabes, me lo he pensado mejor, son 500. Porque, la verdad, vas a flipar"».

LAS COSAS NO FUERON SEGÚN LO PREVISTO, SINO DE UNA MANERA MUCHO MÁS DIVERTIDA: cuando Sandra le contestó que era un chico y le preguntó si quería tocar, Daniel se quedó totalmente desconcertado y balbuceó: **«¡VAYA TONTERÍA, ERES UNA CHICA».** Y, con mucha inteligencia, Sandra contestó: «Ya ves, cuando quieras...».

Y todo el mundo jaleó al pobre Daniel, que desde ese momento abandonó su numerito.

¡tu turno!

▶ ¿Cómo habrías reaccionado tú en el lugar de Sandra?

▶ ¿Habrías contestado «gracias», como ella, a tu abuela o tienes otra idea para que dejen de hacer ese tipo de comentarios?

Hugo
14 años

«Tengo síndrome
de Asperger».

Historia n.º 13

Hugo

14 años

«Tengo síndrome de Asperger.

Por lo que sé (mi padre ha leído mucho sobre el tema), mi síndrome hace que yo no entienda las cosas exactamente como los demás. Asimilo las clases, los ejercicios, las películas, todo eso. Pero no capto exactamente cómo hay que comportarse con la gente; no me doy cuenta exactamente de lo que piensan en realidad. Si son falsamente amables o si son malos de verdad. No entiendo los códigos.

POR EJEMPLO, si entro en el aula, digo buenos días a la profe porque sé que hay que saludarla cuando la vemos en la clase. Sobre todo a esa profe que es muy maja. Pero el otro día estábamos mi padre y yo en un supermercado y la vi, ella me dijo buenos días y yo seguí andando porque no

estoy seguro de si allí también la tengo que saludar. Después tuve la duda de si ella habría pensado que yo era un maleducado. En resumen, como dice mi padre, a veces me hago un cacao mental.

PERO ESO casi nunca me pasa con mis amigos SA (con síndrome de Asperger). Con ellos me va bien, nos comprendemos sin dificultades. El problema está en el colegio con los neurotípicos (es decir, los que no tienen Asperger). En la escuela, la gente piensa que soy un poco raro. Por ejemplo, me encantan las cosas repetitivas, odio llegar tarde, me resulta difícil soportar los cambios y, antes de hablarlo con mi padre, yo pensaba que cuando me gustaba una chica, bastaba con ir y decírselo directamente. No me gusta estar en grupo y odio el teléfono. Me parece un invento casi diabólico. En cuanto tengo uno en el oído, noto cómo se me contrae la barriga y las piernas se me doblan. No lo hago a posta, pero hago reír a mucha gente. Sobre todo cuando me visto solo, por ejemplo. No comprendo realmente lo que combina y lo que no, creo que nunca iré a la moda.

«La gente piensa que soy un poco raro».

ADEMÁS, suelo estar solo, pero no pasa nada, me gusta bastante estar solo; para ser sincero, estoy acostumbrado desde párvulos. Y cuando conocí al grupo SA, mi padre se tranquilizó al ver que podía hacer amigos. Ah, se me olvidaba una cosa importante, tengo una forma de andar un poco rara, un poco brusca y cuanto más se burlan de eso, más rara se hace. He intentado controlarla, pero no lo consigo.

LO QUE ME MOLESTA MÁS en este momento (desde hace tres meses, dos semanas y tres días), es que hay una pandilla de graciosos de mi clase que han decidido pasar todo el patio imitando mi forma de moverme y de andar. Si no los oyera, no sería un problema, pero allí no puedo evitarlos, ya que son una docena y cantan una canción que se llama «Nono, el pequeño robot». Hacen una especie de baile a mi alrededor imitando los movimientos de los robots. Y a mí eso me estresa mucho, me quedo como paralizado, buscando un agujero entre ellos para poder huir corriendo. Por suerte, siempre lo encuentro. Pero sé que corro como una especie de marioneta desarticulada y, a partir de ese momento, es realmente insoportable. A veces, algunos corren detrás de mí imitándome casi hasta los lavabos. Y, como hay cuatro pausas en un día normal, he contado 720 bailes posibles en un año y 324 si su jueguecito continúa desde mañana hasta fin de año.

YA INTENTÉ hablar con la tutora, pero después de que les echara la bronca vinieron enseguida a decirme que era un bocas y un mongolo, o sea que descarté esta solución en el colegio. Hablé con el grupo SA porque normalmente nos damos buenos consejos cuando nos preocupa algo, pero buscamos alguna solución durante un tiempo y no se nos ocurrió nada. De hecho, sabes, lo que estaría bien sería pasar desapercibido**≫**.

¿Cómo lo ves?

 TÚ

▶ ¿Cómo habrías reaccionado si estuvieras en su lugar?

▶ ¿Crees, como él, que la solución es pasar inadvertido? ¿Por qué?

▶ Si fueras su amigo, ¿qué le habrías aconsejado hacer para que el grupo de graciosos dejara de molestarle?

Mi consejo
▶ de psicóloga

 Hugo estaba muy nervioso por aquella «pandilla de graciosos», como los llama él.

Teníamos que encontrar algo muy diferente como respuesta que lograra pararles los pies. Lo que intentaba Hugo para neutralizar a esa pandilla era esconder al máximo que tenía el síndrome de Asperger para que dejasen de burlarse de él por ese motivo. Intentaba controlar su forma de andar, comprender la moda y pasar desapercibido. Pero eso no funcionaba muy bien, porque, como él mismo explicaba **HACER TODO ESO LE ESTRESABA Y HACÍA QUE SUS DIFERENCIAS DE COMPORTAMIENTO FUERAN TODAVÍA MÁS VISIBLES**, lo que, evidentemente, como ya sabemos, excita a los bromistas de todo el mundo.

Yo le dije: «Mira, Hugo, cuando estás con los neurotípicos del colegio (por cierto, cabe preguntarse si los de la pandilla de robots bailarines no tienen alguna enfermedad grave), intentas esconder lo máximo posible que eres diferente. Esto no funciona. Es como un complejo: **EL MERO HECHO DE ESCONDERLO HACE QUE RESALTE MÁS.** Y lo peor es que, al intentar ocultar tus diferencias y no conseguirlo, muestras a los robots bailarines que tocan exactamente el punto donde te duele. La prueba es que huyes lo más rápido posible en cuanto empiezan su ridícula coreografía.

Creo que se lo pones muy fácil. Saben exactamente cómo manejarte:

1. Se te acercan, tú te estresas y empiezas a hacer gestos raros: ¡bingo!

2. Empiezan a bailar a tu alrededor imitándote y tú intentas controlarte, pero cada vez haces movimientos más extraños: ¡genial, eso es lo que quieren!

3. Huyes corriendo de una forma muy rara: ¡magnífico! Es el objetivo del espectáculo. Creo que para ellos es la parte más divertida.

COMO EL GUIÓN SIEMPRE ES EL MISMO, LES RESULTA TODO MUY FÁCIL Entonces, si estás de acuerdo, vamos a modificar un poco el espectáculo. Para ello, te voy a pedir que hagas algo muy raro que será un poco como si dijeras: "Tengo el síndrome de Asperger y eso me da un montón de cualidades que vosotros no tenéis, pandilla de inútiles, por ejemplo, valentía".

▶ Consigue un minialtavoz y te lo conectas al móvil, por debajo de la cazadora, con la canción de "Nono, el pequeño robot". Te la tienes que aprender de memoria. También tienes que ensayar para bailar como un robot con esta música.

2 La próxima vez que vengan cantando, pones la música y bailas como una estrella del rock cantando la letra como si fuera la última canción de moda».

HUGO SE QUEDÓ PENSATIVO UN MOMENTO, COMO SI ESTUVIERA IMAGINÁNDOSE LA ESCENA.

Después, dijo: «Sí, me lo imagino. Y si ellos se quedan, me da igual, yo también bailo. Si se burlan, acentúo más los gestos de robot sin parar de moverme. Y si se van, aunque sea el único que esté bailando, ¡seré yo el que haya ganado! Así, gano en cualquier caso».

«Exacto».

El padre de Hugo me contó que había ensayado mucho con él para bailar bien siguiendo el ritmo de la canción de Nono. **Y, CUANDO HUGO YA DOMINABA PERFECTAMENTE ESA COREOGRAFÍA, ESTABA IMPACIENTE POR PLANTARLES CARA.** Aquella mañana, se levantó a las 4 h 30 en vez de a las 5 h.

Los robots bailarines se acercaron a él y comprobaron, asombrados, que Hugo sonreía, con la mano metida en la cazadora. Se acercaron un poco más y Hugo puso la música sonriendo con más fuerza. En ese momento, los bailarines se alejaron.

Hugo sigue enfadado por no haber podido bailar su coreografía, pero los robots bailarines dejaron de imitarle.

¡tu turno!

▶ Intenta encontrar otra estrategia para Hugo.
Te doy una idea: que haga una exposición oral delante de toda la clase, por ejemplo.

Roberto
14 años

«Paso vergüenza
24 horas al día».

Historia n.º 14

Roberto

14 años

«Paso vergüenza 24 horas al día.

Cuando empecé a salir con Noemí, hace seis meses, estaba súper orgulloso porque, la verdad, en aquel momento, me parecía que tenía muchas cualidades: era guapa, inteligente y divertida. Además, siempre estaba rodeada de personas que querían que las vieran con ella.

PERO AL CABO DE UNAS SEMANAS, me di cuenta de que me aburría bastante y sobre todo que no la veía simpática con los demás (¡qué razón tenía!). En realidad, lo que pasaba es que siempre estaba rodeada de personas que tenían miedo de lo que pudiera decir o hacer o escribir en las redes sociales en contra de ellas, y por eso, todo el mundo intentaba quedar bien. De eso me di cuenta con el tiempo.

Me quedé alucinado al verla manipular a la gente sin ninguna vergüenza. Cuando se lo comentaba, ella me respondía: «Cariño, no seas tan cortado. Hay que adaptarse a los tiempos que corren».

«Yo pensaba: Deja de ser tan cortado».

EN FACEBOOK, Noemí no paraba de poner fotos de nosotros dos. O mensajes súper cariñosos que me molestaban un poco, pero pensaba: «Deja de ser tan cortado», porque era lo que ella me reprochaba a menudo.

Me cambió un poco el armario porque le parecía que me faltaba un poco de estilo (cuando se enfadaba conmigo, me decía que era un empollón) y me integró en su grupo de amigos; por eso, durante un tiempo, abandoné un poco a los míos, porque ella los consideraba unos pringados.

EN RESUMEN, cuando pienso en esa temporada, veo que ha sido realmente muy rara. Yo estaba orgulloso porque me había escogido a mí, pero, al mismo tiempo, estaba triste. No sabía qué pensar. Uno de mis amigos me dijo al cabo de tres meses: «Tío, tengo la impresión de estar en una serie mala al decirte esto, pero es que tu novia te ha cambiado mucho. Y, lo siento, tío, pero no para bien».

Como creo que, en el fondo, yo estaba muy de acuerdo con él, su comentario fue como el detonante de todo. Me dije que aquello no funcionaba, que no podía continuar así, que tenía que decirle que me había equivocado. Que no la quería. Eso es lo que hice aquella misma tarde. Y entonces, enseguida comprendí que de ahí en adelante no iba a ser

nada fácil para mí, pero no me imaginaba hasta qué punto. Y sobre todo, yo no estaba tan armado como ella.

POR DESGRACIA PARA MÍ, no entré en mi Facebook durante los dos días después de la ruptura. Pero sentí algo muy desagradable cuando unos chicos que yo no conocía del colegio me miraron y se empezaron a tronchar de risa. Y vi que algunas chicas con las que me llevaba bien me evitaban conscientemente y ponían cara de asco. Además, claro, de toda la pandilla de Noemí, que me miraba con desprecio y odio. Sentí escalofríos y me conecté enseguida.

Mi contraseña de Facebook era bastante sencilla, era su nombre. ¡Qué tonto, cuando lo pienso!

ELLA LA HABÍA ENCONTRADO y había publicado cosas horribles en mi muro sin que yo lo supiera: sobre todo, me quejaba mucho de mi aliento repugnante. Que parecía, cito «la peste de un cubo de basura lleno de vómito». Y preguntaba a la gente si sabían de algún producto que me pudiera ayudar a quitarme aquella peste. Al principio, la gente escribía a Noemí para preguntarle qué me pasaba y ella les respondía: «Sí, es verdad, por eso le he dejado, ya no aguantaba más. Si podéis ayudarlo, hacedlo para la próxima novia, porque, la verdad, ha sido una experiencia demasiado difícil».

Entonces conseguí cerrar mi cuenta. Se puede hacer denunciándolo en la página de ayuda de Facebook o bien denunciándolo a la poli. Por suerte fue muy rápido.

PERO, EN CIERTO MODO, en lo que se refiere a mi aliento, el mal ya estaba hecho. Ahora, todo el colegio piensa que huelo a rayos. Yo sé que debería reírme del tema, que no son más que tonterías, pero me siento muy mal, ya no hablo con mucha gente, salvo con algunos de mis antiguos amigos, pero noto que me guardan rencor y que piensan: «¡No vamos a quemarnos estando con un apestado que nos dejó tirados como unos calcetines viejos!». Los entiendo. Pensaba que las cosas mejorarían a partir del momento en el que se hubiera cerrado mi cuenta.

POR DESGRACIA, Noemí no se detuvo ahí. Creó una página de Facebook en mi honor hace unos días. Se titula: «Roberto y su aliento de chacal». Cuenta cosas asquerosas sobre besos que nos dimos y que le hicieron vomitar después, o comenta que mi olor hace que se mueran las moscas. Hizo un fotomontaje con mi cabeza sobre el cuerpo de un chacal. Ya tiene 800 me gusta. Y, otra vez, todo el mundo me evita y pone cara de asco al verme. Hay personas con las que empezaba a estar en contacto otra vez, que se alejan rápido cuando llego yo. Tengo la sensación de haber vivido un episodio monstruoso en una montaña rusa. Subí muy arriba y después caí en lo más hondo; volví a subir un poco, y otra vez vuelvo a estar hundido. Pero ¿qué puedo hacer para volver a pisar tierra firme? ¿Qué hago para que pare ya?**»**.

¿Cómo lo ves?

TÚ

▶ **¿Qué se puede** aprender de esta historia en lo que respecta a las redes sociales?

▶ Si fueras su amigo, ¿qué le habrías aconsejado hacer para que Noemí cerrara esa página de Facebook?

▶ ¿Crees que es posible que nos acosen en las redes sociales pero no en la vida real?

▶ ¿Crees que el ciberbullying es lo mismo que el bullying en persona, o que son dos cosas distintas?

Mi consejo ▶ de psicóloga

 Es cierto que, en general, lo mejor es tener contraseñas un poco sofisticadas para las redes sociales y acordarse de no dejar nunca la sesión abierta.

Pero es muy probable que en una época muy alejada en la que no existía Facebook, la encantadora Noemí hubiera encontrado un medio distinto de vengarse de la ruptura con Roberto.

En este caso el problema toma proporciones realmente insoportables porque incluso gente que él no conoce están invitados a sacrificarlo las veinticuatro horas del día. Esta historia recuerda un poco a la de David (historia n.º 3), salvo que, en esta, al menos:

▶ se sabe claramente de dónde viene el ataque

▶ está claro que a Noemí le gusta mucho ser popular.

DOS PISTAS MUY INTERESANTES. Vemos que, de momento, Roberto está bloqueado por la potencia de ataque de esta señorita, esperando a que pase el tsunami y Noemí se olvide del tema. Pero ella lo ha comprendido perfectamente. **FINGE QUE VA A PARAR Y DESPUÉS VUELVE CON MÁS FUERZA.**

Reaccionar según la regla de oro de los 180 grados, para Roberto, consistirá en, contra todo pronóstico, hacer saber a Noemí que puede continuar con el tema, que es muy divertido. Además, tenemos una tribuna: la página «Roberto y su aliento de chacal». Gracias a Noemí. No cabe duda de que ha contado demasiado con el carácter pacífico de Roberto, con el hecho que él la dejaría hacer mientras esperaba que ella parara y, por eso, es menos prudente. **¡PERO LO QUE NO SABE ES QUE ROBERTO HA VENIDO A VERME!**

▶ Así pues, Roberto y yo imaginamos que él podría publicar en el muro de «Roberto y su aliento de chacal» el post siguiente: «Hola a todos. Gracias por vuestro apoyo en esta difícil experiencia. Para evitar esta terrible enfermedad a otras personas, quiero precisar que solamente afecta a los que cometen el error de besar a víboras. Durante una semana, cometí ese error. Pero ya empiezo a recuperarme. ¡Cuidado con las víboras! ¡Pásalo!».

Él lo publicó unas veinte veces para que no desapareciera del hilo y para que lo viera el máximo número de personas antes de que Noemí lo ocultara.

LA PÁGINA FUE CERRADA AL CABO DE DOS DÍAS.

Como me dijo Roberto más tarde: «La palabra "víbora" de hecho es que no es insultante. ¡Ella misma decía, en broma, que tenía una lengua viperina!».

¡tu turno!

▶ Intenta encontrar otra forma de actuar para Roberto. ¿Qué podría haber colgado en Facebook para que Noemí detuviera su tortura?

Juan
14 años

«No hice nada para defender a Aurora».

Juan

14 años

«No hice nada para defender a Aurora.

Era mi vecina. Era rara. Hablaba con palabras cultas, un poco antiguas. Iba vestida como seguramente iba mi abuela a su edad y coleccionaba fósiles. Normalmente estaba sola, incluso en primaria, pero no parecía que la afectara, era una persona solitaria. Sus padres eran muy mayores (creo que tenían unos 50 años, tenían el pelo canoso y vestían siempre de gris). Pero cuando éramos pequeños, jugábamos a los exploradores en el jardín que teníamos en frente de casa y la verdad nos lo pasábamos muy bien, porque ella tenía mucha imaginación para encontrar ideas de sitios nuevos y raros que descubrir.

Cuando empezamos el colegio, no nos pusieron en la misma clase, así que me limitaba a darle los buenos días en el bus por la mañana, porque nunca hemos sido muy efusivos ninguno de los dos.

ME DI CUENTA DE QUE algo iba mal cuando vi que pasaba todo el recreo paseando sola con la cabeza agachada y que, varias veces al día, un grupo de chicas de segundo curso se metían con ella, le decían que era una pringada y le preguntaban dónde había comprado aquella ropa. Ella se largaba y seguía paseando sola en el patio, como si fuera un robot, mirando al suelo. A veces, había chicos que se ponían en medio del paso para que se chocara con ellos, y luego le daban un empujón y le decían que estaba chalada. Daba mucha pena.

> «Daba mucha pena. Vi lo que pasaba varias veces en el patio».

Vi lo que pasaba varias veces en el patio. Y no hice nada.

LAS CHICAS de segundo y los chicos que se le ponían delante me daban miedo, me angustiaba la idea de ser su siguiente blanco si intervenía. Sé que los adultos nos animan a que defendamos a los que son acosados, pero, me avergüenza admitir que, en aquel momento, no tuve suficiente valor.

Pensé más en mí que en ella. No pretendo disculparme ni nada, porque, ahora que voy a segundo, la verdad, me considero un inútil, pero es como si en aquel momento yo sintiera que no podía hacer nada. Quizá si hubiera sido más valiente, menos perezoso, menos egoísta, habría pedido a mis amigos que vinieran para plantar cara a la pandilla de los chicos populares de segundo, pero no hice nada.

AÚN PEOR, dejé de saludarla en el autobús por miedo a que me vieran con ella. Me duele tanto haberlo hecho. Usted es la única a la que se lo he contado, lo del autobús. Me da demasiada vergüenza

«Me da demasiada vergüenza decírselo a alguien».

decírselo a alguien. Cuando yo pasaba de saludarla, ella hacía como que no pasaba nada. Creo que lo hacía para no incomodarme.

A PARTIR DEL MES DE MAYO, Aurora dejó de ir a clase. Y en junio se fueron a vivir a otro sitio. Su madre le contó a la mía que su hija lo pasaba muy mal en el instituto, que no se había integrado y que cambiaban de ciudad para estar más cerca de otro centro más pequeño, con gente menos hostil y un equipo educativo más presente. Por desgracia, con todas esas historias, sus notas habían bajado mucho, hasta el punto de que tendría que repetir. Mi madre le dijo: «No entiendo, ¿no se lo contó a Juan?», y la madre de Aurora contestó amablemente: «Seguro que no se ha atrevido».

MI MADRE no es tonta. Me preguntó si yo estaba al corriente, si había hecho algo. Se lo conté todo (menos que dejé de saludarla por las mañanas), no estaba orgulloso, sobre todo cuando me contestó que no me había educado de esa forma y que estaba muy decepcionada. En resumen, peor que un castigo.

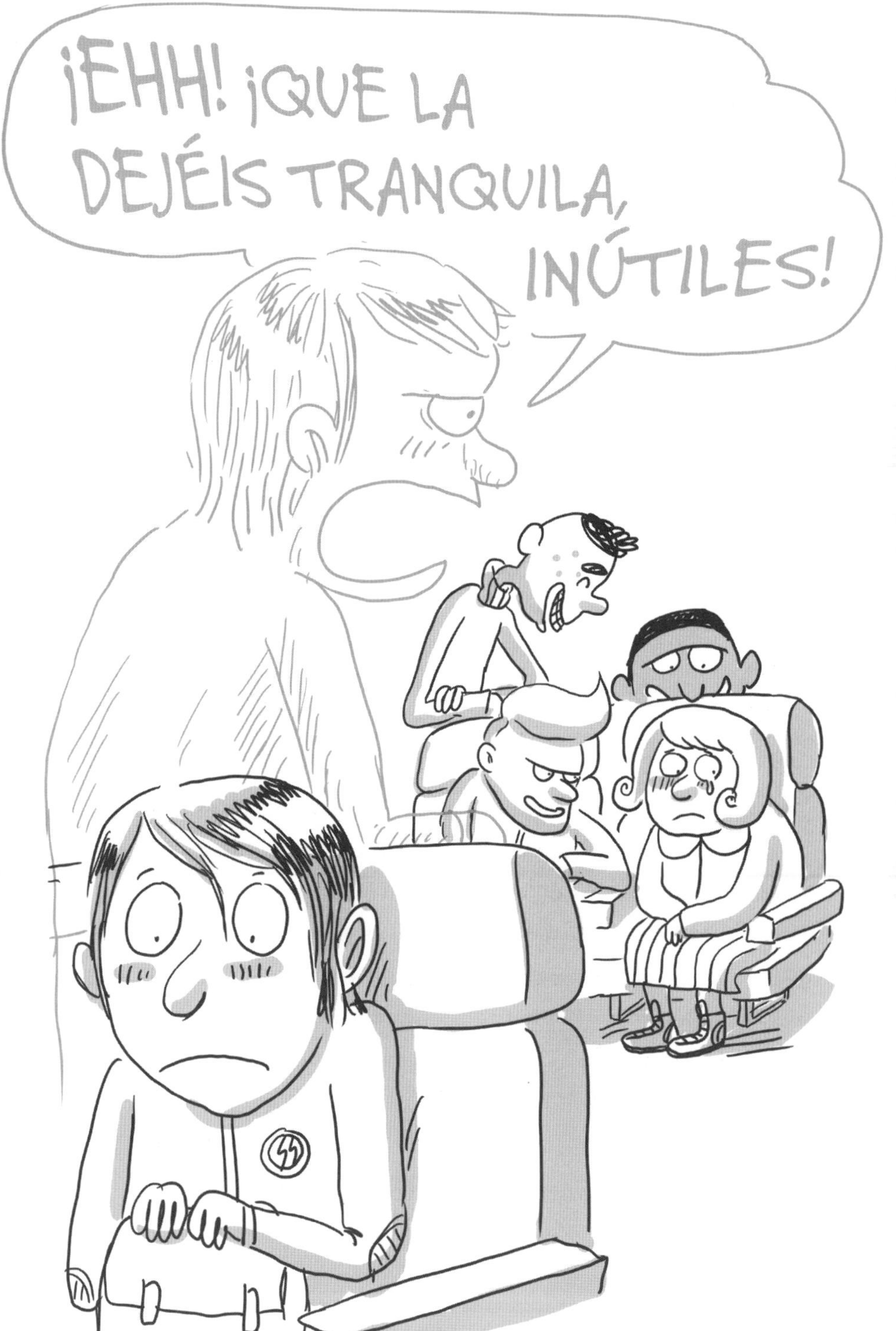
¡EHH! ¡QUE LA DEJÉIS TRANQUILA, INÚTILES!

DESDE QUE SE MUDARON me siento fatal, esta historia me corroe por dentro, me siento muy culpable y, al mismo tiempo, si pudiera volver atrás en el tiempo no sé si realmente haría algo. Siento que fui tan inútil que no logro pasar página. »

¿Cómo lo ves?

▶ **¿Te has** sentido culpable alguna vez por haber o no haber hecho algo? Si la respuesta es afirmativa, ¿intentaste hacer algo para disminuir el sentimiento de culpabilidad? ¿Funcionó?

▶ Imagínate en el lugar de Juan; ahora que has leído este libro, ¿qué habrías hecho para ayudar a Aurora cuando se metían con ella en el patio?

▶ Y para ayudar a Juan, ahora, ¿qué le propondrías que hiciera?

Mi consejo
▶ de psicóloga

 Se puede entender que Juan se sienta atrapado entre la culpabilidad y el miedo.

Al principio, el sentimiento más fuerte era el miedo (ser el blanco de los agresores). Y, ahora, es evidente que lo que predomina es la culpabilidad, ya que la situación que creaba el miedo ha desaparecido. Creo que si Juan hubiera movilizado a sus amigos para enfrentarse a los que se metían con Aurora, a ella le habría ido bien: hubiera significado que era capaz de tener amigos, ya que había varios que la defendían. Sin embargo, no está tan claro que sus amigos hubieran aceptado, puesto que estaban paralizados por las mismas dudas que Juan.

LA CULPABILIDAD QUE SIENTE JUAN ES TOTALMENTE LÓGICA, PERO EL PROBLEMA CON ESTA EMOCIÓN TAN CONCRETA es que si no hacemos nada, si nos conformamos con darle vueltas, cada vez es más asfixiante y no sirve de nada: cada vez nos atormentamos más, y eso es todo.

Por esa razón, hice la siguiente pregunta a Juan: **«¿CÓMO PODRÍAS ARREGLAR TU FALTA DE SOLIDARIDAD Y DE VALOR** de aquel momento, actuando aquí, ahora, diferente con Aurora? Reflexiona sobre este tema una semana y vuelve a verme para que lo comentemos».

Juan volvió, más sonriente que la semana anterior, y me dijo: «**PODRÍA ENVIARLE UNA CARTA PARA DISCULPARME** y preguntarle si aceptaría que yo tomara el tren para ir a verla un fin de semana. Y si contesta que sí, le volveré a decir lo mucho que siento haber sido tan cobarde y le preguntaré cómo le va en el instituto nuevo. Y, si le va mal, le regalaré este libro e intentaremos encontrar un boomerang estratégico».

—Buena idea —dije—. ¿Y si se niega a verte?

—Ya me ha dicho que sí —contestó Juan, sonriendo de nuevo.

¡tu turno!

▶ ¿Cómo le habrías demostrado tu solidaridad?

▶ ¿Cómo habrías reaccionado tú? ¿Qué habrías dicho a los que acosaban a Aurora?

▶ ¿Qué harás la próxima vez que seas testigo de un bullying?

test

¿Has entendido bien qué hay que hacer en caso de problema?

Indica VERDADERO o FALSO detrás de cada afirmación para demostrar que has comprendido bien las nociones básicas.

1. Los chicos acosados siempre tienen un defecto físico o de otro tipo.

2. Sin intervención de un adulto, no se puede hacer nada contra el bullying.

3. Hasta que los agresores no hayan comprendido que son malos y que deben dejar de actuar de esa forma, el bullying no parará.

4. La popularidad es un concepto muy importante, porque permite comprender qué ocurre en el patio del colegio.

5. Cuando un chico defiende a otro, es posible que funcione (a menudo, mejor que si lo hace un adulto).

6 Para resolver un problema de este tipo, hay que perseverar en lo que ya se ha intentado porque eso significa que no se ha hecho suficiente.

7 Una buena flecha utiliza la violencia que una persona nos envía para devolvérsela.

8 Existe un perfil tipo de acosador.

9 Es complicado encontrar una buena defensa, porque depende mucho de quién se meta contigo.

10 La estrategia de los 180 grados permite dejar de hacer cosas que mantienen el problema.

Solamente se pueden lanzar cuando hay una agresión, si no, no sirven de nada.

8/ FALSO. A veces, debido a ese famoso síndrome de popularidad, niños y adolescentes que son muy amables cuando están solos pueden llegar a ser muy malvados en grupo.

9/ VERDADERO. Es necesario estudiar al acosador detalladamente para encontrar una buena defensa. De lo contrario, no será lo suficientemente afilada y, en consecuencia, será menos eficaz.

10/ VERDADERO. Porque, como su propio nombre indica, nos hace dar un giro que va exactamente en sentido opuesto a lo que ya hemos intentado para resolver el problema, y que, al contrario de lo que deseábamos, lo agravaba.

1/ FALSO. No existe un prototipo de acosado. Hay muchos chicos que son diferentes de la mayoría y, sin embargo, nadie les molesta de forma continuada. ¿Por qué? Porque se saben defender o, como mínimo, dan esa impresión a los posibles agresores.

2/ FALSO. Eso es lo que creen muchos adultos, pero, en realidad, la acción de los adultos es mucho más eficaz cuando ayudan a los chicos a reflexionar sobre una o varias formas de hacer que acabe el bullying que cuando intervienen en su lugar.

3/ FALSO. A menudo, los acosadores dejan de acosar, no porque comprendan que son malos, sino porque tienen la sensación de que si continúan arriesgan su propia popularidad.

4/ VERDADERO. Los adultos lo suelen olvidar. Una de las pesadillas más horribles para un niño o un adolescente es estar solo, sin amigos. Y, evidentemente, este miedo explica muchas cosas que ocurren en el colegio.

5/ VERDADERO. Cuando un chico interviene para ayudar a otro, significa que el chico acosado es capaz de tener amigos. En general, la soledad es lo que marca la vulnerabilidad. Cuando el que interviene es un adulto, el mensaje que se da es que el chico acosado no es capaz de defenderse solo y eso puede incitar al acosador a actuar.

6/ FALSO. Cuando ya se han intentado más de cuatro o cinco soluciones que no funcionan en absoluto, significa que hay que utilizar la regla de oro de los 180 grados. De lo contrario, agravaremos la situación sin querer.

7/ VERDADERO. Por eso las llamamos flechas de resistencia.

173

Conviene saber:

¿QUÉ ES EL BULLYING?

El bullying es una clase de violencia repetida, verbal o física. Lo realiza una o más personas contra otra que no se puede defender.

Las tres características del bullying son:

▶ **LA VIOLENCIA:** es una relación de fuerza y de dominación entre personas;

▶ **LA DURACIÓN:** se trata de agresiones que se repiten durante un período largo;

▶ **LA FRECUENCIA:** son agresiones que se repiten con frecuencia, varias veces al día en caso de bullying grave.

ESTA ES LA DEFINICIÓN OFICIAL, pero en mi opinión falta el aislamiento, que no es necesariamente violento de una forma explícita pero que también puede hacer mucho daño.

EL ACOSO ESCOLAR PUEDE SER CASTIGADO POR LA LEY.

Información útil: eso no solo les pasa a los demás

Según el estudio encargado por UNICEF al Observatorio Internacional de Violencia Escolar en España, en el 2011, el acoso escolar en estudiantes de 11 a 15 años es del 5,3%, si bien estos datos solo recogen los casos en que los niños y niñas declaran que en su colegio o instituto han sido víctimas de acoso. Esta cifra, según la ONG Internacional Bullying Sin Fronteras, en el 2015 había aumentado un 22 %, llegando al 9,3 % de casos de bullying (1.004 casos graves). Según un estudio de Save the Children, son las niñas las que lo sufren en mayor número de casos, un 10,6 % frente a un 8 % en niños.

En América Latina más del 50 % de los niños sufre violencia escolar en alguna de estas formas: robo, violencia verbal y violencia física. Y los niños sufren más de bullying que las niñas.

EL CIBERBULLING CONSTITUYE UN PROBLEMA MÁS GRAVE, ya que el acoso continúa fuera del recinto escolar, y las 24 horas del día, a través de Internet, teléfonos móviles o redes sociales (WhatsApp, Facebook, Twitter, Instagram, Snapchat, etc.)

TELÉFONO CONTRA EL ACOSO ESCOLAR: 900 018 018.
Es el número que el Ministerio Español de Educación ha puesto en marcha para luchar contra el bullying las 24 horas del día los 365 días del año. Está destinado a alumnos, familias, personal de los equipos docentes y, en definitiva, todos aquellos que sufran o conozcan algún caso de acoso escolar. Las llamadas a este servicio **son gratuitas, anónimas y no dejan rastro.** Son **atendidas por psicólogos, trabajadores sociales, sociólogos y juristas.**